| 国家自然科学基金项目（72363023）

畅通外循环背景下自由开放的影响效果研究

——基于自贸试验区和自贸区的双重视角

赵 亮◎著

CHANGTONG WAIXUNHUAN BEIJING XIA
ZIYOU KAIFANG DE YINGXIANG XIAOGUO YANJIU
——JIYU ZIMAO SHIYANQU HE ZIMAOQU DE SHUANGCHONG SHIJIAO

企业管理出版社
ENTERPRISE MANAGEMENT PUBLISHING HOUSE

图书在版编目（CIP）数据

畅通外循环背景下自由开放的影响效果研究：基于自贸试验区和自贸区的双重视角 / 赵亮著. -- 北京：企业管理出版社，2024.11 -- ISBN 978-7-5164-3155-9

I. F752

中国国家版本馆 CIP 数据核字第 2024Q664T1 号

书　　名：	畅通外循环背景下自由开放的影响效果研究
	——基于自贸试验区和自贸区的双重视角
书　　号：	ISBN 978-7-5164-3155-9
作　　者：	赵　亮
责任编辑：	赵喜勤
出版发行：	企业管理出版社
经　　销：	新华书店
地　　址：	北京市海淀区紫竹院南路 17 号　邮编：100048
网　　址：	http://www.emph.cn　　电子信箱：zhaoxq13@163.com
电　　话：	编辑部（010）68420309　发行部（010）68414644 / 68417763
印　　刷：	北京亿友数字印刷有限公司
版　　次：	2024 年 11 月第 1 版
印　　次：	2024 年 11 月第 1 次印刷
开　　本：	170mm × 240mm　　1/16
印　　张：	12 印张
字　　数：	168 千字
定　　价：	68.00 元

版权所有　　翻印必究・印装有误　　负责调换

前　言

本书是国家自然科学基金项目（72363023）、研究阐释党的二十大精神江西省社会科学基金专项研究课题（22ZXQH35）、中国博士后科学基金面上资助项目（2021M691355）、南昌市社会科学规划项目（GL202307）资助的研究成果。

在当前国内发展动能转换与结构调整带来转型阵痛及国际经济形势复杂多变的背景下，中国需要积极主动采取更加灵活多变的自由贸易区（以下简称自贸区）发展策略，如不断扩大自贸区"朋友圈"，走出周边的亚太区域，积极与非洲、南美洲等洲际区域发展自贸一体化合作，进一步拓展外循环的发展边际和畅通区域，进一步激发外循环的潜能、活力。

自由贸易试验区（以下简称自贸试验区）和自贸区建设是中国对外开放、自由便利的两大抓手，可以通过加速试验和适应新一代国际高标准经贸规则及"印太经济框架"谈判提出的新标准要求，以及获得新的广阔、自由、便利、统一的国内外大市场，有效维护好外部资源的供给口径和范畴，不断开拓新市场，实现贸易对象的替代、供应链的补链重建和国际话语权的提升等，推动中国经济高质量发展。

本书在畅通外循环背景下，从自贸试验区和自贸区的双重视角探究自由开放的影响效果。第一章绪论，介绍了选题背景、研究意义、概念界定和框架内容。第二章理论基础，解析了关税同盟理论的经济效应、自贸试验区设立诱发影响（以对区域产业结构升级的影响为例）的逻辑机理、自贸区建设影响效果（以对贸易高质量发展的影响为例）

的逻辑机理。第三章、第四章和第五章均从自贸试验区视角分别展开对"自贸试验区驱动"的短期效果、工业增长效果、个案振兴效果的分析。第六章、第七章和第八章均从自贸区视角分别展开对"丝绸之路经济带"沿线自贸区建设、中国—东盟自贸区建设、中国正在研究的典型自贸区建设效果的分析。

本研究丰富和拓展了自由开放的探究视角，证实了"自贸试验区驱动"和"自贸区驱动"效果的存在及可靠性；为中国坚定不移地执行自贸试验区战略和自贸区战略，优化中国自贸试验区布局和推进自贸区发展提供理论支撑和政策建议；为实现自由开放的高质量发展探讨了"自贸试验区驱动""自贸区驱动"的新路径。

同时，本研究也为内陆开放型经济试验区驱动区域改革开放提供了启示。目前，中国已经在江西、宁夏和贵州设立了内陆开放型经济试验区，作为覆盖省级全域、全业的试验区，江西、宁夏和贵州需要充分发挥试验区的政策优势，助力本省积极打造成为新时代改革开放的新高地。

感谢为本书写作及出版提供帮助的同事、编辑，限于笔者水平，疏漏之处在所难免，恳请广大读者批评指正。

赵亮
2024 年 11 月

目 录

第一章 绪 论 / 1
  一、选题背景……………………………………………………… 1
  二、研究意义……………………………………………………… 1
  三、概念界定……………………………………………………… 2
  四、框架内容……………………………………………………… 3

第二章 自贸试验区和自贸区影响发生的逻辑机理 / 8
  一、自由开放诱发影响发生的理论基础——基于关税同盟理论
    的视角………………………………………………………… 8
  二、自贸试验区的影响发生——基于区域产业结构升级视角……… 19
  三、自贸区的影响发生——基于贸易高质量发展视角…………… 29

第三章 自贸试验区驱动经济增长的短期效应——基于对第三批
    自贸试验区的反事实分析 / 49
  一、引言及文献述评……………………………………………… 49
  二、研究对象概述………………………………………………… 51
  三、模型设定与数据分析………………………………………… 52
  四、实证过程及结果分析………………………………………… 54
  五、结论及展望…………………………………………………… 61

第四章 工业增长视阈下自贸试验区经济效应的反事实研究 / 63
  一、引言与文献综述……………………………………………… 63
  二、实证方法、数据及统计……………………………………… 65
  三、实证结果分析………………………………………………… 68
  四、结论及讨论…………………………………………………… 79

第五章 自贸试验区是否助力了东北地区工业振兴——来自辽宁自贸试验区的反事实证据 / 81

  一、引言及文献综述 ·· 81
  二、方法原理及数据分析 ·· 82
  三、反事实结果及分析 ·· 85
  四、研究结论及优化路径 ·· 91

第六章 "丝绸之路经济带"沿线中国自贸区建设的经济产业效应——对九大重点行业的 GTAP 模拟 / 97

  一、引言 ·· 97
  二、理论基础 ·· 98
  三、沿线中国自贸区建设及经济合作概况 ····························· 100
  四、GTAP 模拟的前提设置 ··· 101
  五、GTAP 模拟的经济与产业效应结果分析 ··························· 103
  六、总结与建议 ··· 111

第七章 中国—非盟自贸区达成的影响效果研究 / 114

  一、引言及文献综述 ··· 114
  二、中非自贸区达成的现实基础 ····································· 115
  三、自贸区影响效应发生的逻辑机理 ································· 117
  四、GTAP 模拟的设定及结果 ······································· 119
  五、纳入外部冲击后的进一步分析 ··································· 125
  六、研究总结及建议 ··· 134

第八章 贸易福利视角下"自贸区驱动"的影响效果探究——以在研自贸区为例 / 137

  一、引言 ··· 137
  二、理论基础 ··· 137
  三、作用机制 ··· 139
  四、实证研究 ··· 142
  五、研究总结及发展建议 ··· 150

第九章 对内陆开放型经济试验区驱动区域改革开放的思考 / 152

  一、厘清 IOPEZ 赋能改革开放的机制 ································ 153
  二、发挥好 IOPEZ 赋能区域改革开放的作用 ·························· 154

参考文献 / 157

第一章 绪 论

一、选题背景

面对中国的强势崛起，尤其是在亚太地区不断增强的竞争力和影响力，美国近些年来不断通过各种手段进行持续对冲和加码打压，双方在经贸等领域的竞争渐呈长期性、常态化。面对这种外经贸国际环境的新变化、新形势，特别是中国正面临日趋严重的"规则倒逼""组团排挤""脱钩断链"等外部压迫和封锁，"双循环"背景下积极畅通外循环进行对冲反制或成为中国的重要选项之一。通过畅通外循环，中国可以获得新的广阔、自由、便利的大市场，有效维护好外部资源的供给口径和范畴，也可以重塑产业链、供应链、冲破外界对中国的封锁孤立，还可以提高在国际规则制定中的话语权，进而保障中国的稳定、健康和可持续发展。因此，中国需要积极主动采取更加灵活多变的自由开放发展策略，如不断深入推进自贸试验区建设，深化体制机制改革和创新；不断扩大自贸区"朋友圈"，走出周边的亚太区域，积极与非洲、南美洲等洲际区域发展自贸一体化合作等，进一步拓展外循环的发展边际和畅通区域，充分享受自由开放的发展红利。

二、研究意义

基于自贸试验区和自贸区的双重视角，在畅通外循环背景下探究自由开放的影响效果，对于强化自贸试验区和自贸区的重要抓手地位意义重大。

（一）理论意义

首先，丰富和拓展了自由开放影响效果的研究视角，并且较早基于某项政策冲击（本书是以自贸试验区设立和自贸区建立为例）进行实证考察，开辟了一条新的研究思路。其次，构建了系统、明晰的理论架构，揭示了关税同盟理论影响效应的发生机理、自贸试验区影响区域产业结构升级的逻辑机理、自贸区影响贸易高质量发展的逻辑机理，为后续学者的实证研究提供了强有力的理论支撑。最后，从短期、工业、个体及"一带一路"、与非盟合作、在研自贸区的视角，通过事后检验和事前模拟，证实了"自贸试验区驱动"和"自贸区驱动"效果的存在及可靠性。

（二）现实意义

首先，以自贸试验区和自贸区为切入点进行研究，为中国坚定不移地执行自贸试验区战略和自贸区战略，进一步释放自贸试验区红利和自贸区红利，优化中国自贸试验区布局，以及促进自贸区发展提供了理论支撑和政策建议，也为全球区域经济一体化稳健发展、各经济体扩大对外开放彰显中国元素及提供中国方案。其次，为中国更好地实现外循环畅通、高质量发展疏通堵点，优化内外部影响环境，发挥"自贸试验区驱动""自贸区驱动"最优效果提供了决策依据。再次，为在中美贸易摩擦、英国脱欧、新冠疫情等"黑天鹅"事件下，规避风险，抓住机遇，实现自由开放的高质量发展提供了"自贸试验区驱动""自贸区驱动"的新路径。最后，在中国经济贸易发展进入新常态，亟待寻找和释放新的创新驱动力之际，提供了"自贸试验区驱动""自贸区驱动"的新思路，丰富了"创新驱动"的内涵。

三、概念界定

关于自贸试验区。本研究所指的自贸试验区既不同于经济特区、开发区、高新区、国家级新区等特殊行政区域，也不同于保税港区、综合保税区、保税区、出口加工区、保税物流园区、跨境工业区等海关特殊监管区域，其与它们最显著的区别是自贸试验区属于真正意义上的"境内关外"区域，建设目标是逐步形成与国际惯例接轨、适应新一代经贸规则的自由化环境。自贸试验区作为当前中国包容式增长的缩影，作为一项国家级战略在中国得到快速实施。2020年北京、湖南、安徽三大自贸试验区的新设及浙江自贸试验区的扩区，意味着自2013年上海自贸试验区设立以来，已先后有6批共21个自贸试验区得以设立和扩区，形成同时覆盖沿海、沿边、沿江和内陆，以及东部、中部和西部的全域发展格局。

关于自贸区。本研究所说的自贸区（Free Trade Area，FTA）与自贸试验区（Pilot Free Trade Zone，PFTZ）易混淆但并不相同，后者在国际上的惯称为自贸园区（Free Trade Zone，FTZ）。两者的主要区别为自贸试验区是一国或地区境内设立的执行单方面对外开放的小块区域；而自贸区是指两个或两个以上的国家或单独关税区之间相互开放的一种区域经济一体化类型。截至2024年8月6日，根据中国自由贸易区服务网提供的数据资料，中国已经达成自贸区22个，涉及22个国家和地区，正在谈判的自贸区有10个，正在研究（以下简称在研）的自贸区有8个。

四、框架内容

本书主要基于外循环畅通背景，从自贸试验区和自贸区的双重视角探究自由开放的影响效果，全书的主要架构及章节内容如下。

第二章是本书的理论基础，主要是从"自由开放诱发影响发生的理论基础——基于关税同盟理论的视角""自贸试验区的影响发生——基于区域产业结构升级视角""自贸区的影响发生——基于贸易高质量发展视角"三部分进行逻辑机理的探究，主要内容简介如下。

（1）整个区域经济一体化体系的理论根基是关税同盟理论，基于此发展起来的对关税同盟理论本身的完善、对整个区域经济一体化理论体系的充实是其引致作用的有力体现。关税同盟理论的核心贡献是根据贸易创造和贸易转移的差额分析给出区域经济合作并不一定是"正和博弈"的创新观点，而对关税同盟其他成员及对非成员的收益分析增强了该理论研究的全面性。基于对关税同盟理论的直接考量或受其间接启发，次优理论、新区域主义、"垫脚石"与"绊脚石"之争、"意大利面条碗"现象、"轮轴—辐条"结构的提出进一步充实了以关税同盟理论为根基的区域经济一体化理论体系。

（2）新常态下经济社会发展亟待发掘出驱动产业结构升级的新突破点，考虑到中国自贸试验区（PFTZ）是全面深化改革和扩大开放的"试验田"，虽然从经济常识推断其很有可能会促进区域产业结构升级，但严谨缜密的机理论证仍缺乏且必需。本研究从区内、区外和区际三维视域采用定性推演和逻辑演绎的方法探究区域产业结构升级的"自贸试验区驱动"影响，具体探讨了"一揽子"的驱动效应、中介效应、长期效应、溢出效应、协同效应的作用机理。同时，讨论了产业结构升级的"自贸试验区驱动"对经济高质量增长的引致效果问题。研究在理论上有助于拓展和丰富自贸试验区与产业结构升级的研究框架和内容，在实践上可为充分发挥好区域产业结构升级的"自贸试验区驱动"影响效应提供理论指导和现实靶向。

（3）贸易高质量发展离不开高水平开放和进一步扩大开放，而自贸区是中国建设更高水平开放型经济新体制的重要抓手，故其很可能会驱动贸易高质量发展，但专门研究匮乏，存在论证缺口。鉴于此，在首次提出"贸易的结构、效益、实力、环境、可持续，分别是贸易高质量发展的基础、动力、关键、保障、目标"的新思路的基础上，先据此设计全新指标评价体系，再依次从整体、横向、纵向三大层面逻辑推演了贸易高质量发展的"自贸区驱动"作用机理。其中，整体层面指出贸易高质量发展的"自贸区驱动"内生动力包括资源配置、创新诱发、直接投资和技术溢出四大机制；横向层面认为基于自贸协定的相关条款，自贸区对贸易结构、效益、实力、环境、可持续的各个单独维度都能起到积极驱动作用；纵向层面也发现自贸区能够在宏观、中观、微观视域下分别驱动省域、产业、企业三个梯度的贸易高质量发展。最后给出利于充分发挥"自贸区驱动"最优效果的思路。

第三章自贸试验区驱动经济增长的短期效应——基于对第三批自贸试验区的反事实分析，主要内容简介如下：基于GDP季度同比增长率指标的省际面板数据，采用合成控制方法构建反事实拟合值，测算2017年第二季度至2018年第三季度第三批全部7个自贸试验区驱动经济增长的短期驱动效应情况，发现驱动效应异质性显著。政策干预期内，自贸试验区能够正向驱动多数实施地的经济增长，但是对湖北和重庆经济增长的驱动不显著，甚至出现负向驱动。对季均经济增长的驱动力度也不尽相同，极大驱动辽宁提升了114.87个百分点，显著驱动陕西和四川分别提升了8.76个和6.23个百分点；一般驱动河南、浙江和重庆分别提升了1.54个、1.41个、-1.18个百分点；对湖北的驱动不显著。政策干预的初期，实施地经济增长对政策干预的敏感程度存在差异，"自贸试验区驱动"效能发挥的时滞性和即时性并存。

第四章工业增长视阈下自贸试验区经济效应的反事实研究，主要内容简介如下：基于2012年3月至2018年9月共27个省份的面板数据，采用合成控制的反事实方法，从纵向个体和横向整体二维层面考察了第三批7个自贸试验区驱动各自省（市）工业增长的经济效应。结果显示：在政策干预期内，辽宁、浙江、河南、陕西、湖北、重庆和四川自贸试验区分别将各自省（市）的工业增加值月度同比增长率平均提升了17.22个、0个、1.84个、1.11个、0.38个、-3.26个、2.37个百分点。"自贸试验区驱动"的工业增长效应存在显著异质性：驱动方向存在正向驱动、负向驱动和不显著驱动，积极集聚效应和消极挤出效应并存；驱动力度有极大驱动、一般驱动和近似零驱动；驱动路径有波动上升形、倒W形、波浪形；在驱动响应方面，政策干预后前面不同几期都存在响应迟缓的时滞特征。

第五章自贸试验区是否助力了东北地区工业振兴——来自辽宁自贸试验区的反事实证据，主要内容简介如下：选取工业增加值同比增长率作为度量工业增长的指标，在 2012 年 3 月至 2018 年 9 月的月度周期内分别对辽宁自贸试验区驱动辽宁、吉林和黑龙江工业增长的情况进行了反事实研究。结果显示：自贸试验区对东北三省工业增长的影响在驱动方向、力度和波幅方面均存在个体异质性，自贸试验区设立后平均正向驱动辽宁和黑龙江工业增长提升了 23.76 个和 1.20 个百分点，负向驱动吉林工业增长下降了 0.95 个百分点；对辽宁的驱动效应的影响波幅最大，吉林次之，黑龙江最小；对辽宁工业增长的影响体现出集聚和溢出效应，对吉林工业增长的影响体现出虹吸效应，对黑龙江工业增长的影响体现出辐射效应。最后基于整体和局域的二维视角给出加强省际协同与分工、主动对接、错位竞争等提升自贸试验区驱动工业振兴效能的诸多路径。

第六章"丝绸之路经济带"沿线中国自贸区建设的经济产业效应——对九大重点行业的 GTAP 模拟，主要内容简介如下：加快"丝绸之路经济带"沿线自贸区建设是贯通外循环、增强产业国际合作的重要途径。选取九大重点行业采用 GTAP 模拟"丝绸之路经济带"沿线自贸区建设的经济产业效应，发现关于经济效应，其对中国 GDP、福利、贸易条件的驱动会随着自由化，尤其是便利化水平的提高而显著提升，而同一情景下其对各自贸区伙伴宏观经济的驱动影响异质性更强。关于产业效应，对中国而言，无论何种情景其整体都会提高各行业的出口总量，但其对不同行业贸易平衡、附加值提升的驱动影响各异。沿线自贸区开放水平不断提高，会持续提升轻纺、钢铁、建材、电力四类行业的净出口及附加值，也会扩大其他五类行业的净进口且拉低它们的附加值。最后从开放水平、协同管理、企业整合、产业合作、提升附加值方面提出优化"丝绸之路经济带"沿线自贸区建设的举措。

第七章中国—东盟自贸区达成的影响效果研究，主要内容简介如下：达成中国—东盟自贸区是畅通中国外循环的重要举措。采用 GTAP 模型从经贸和行业角度对中国—东盟自贸区达成的效果进行事前模拟，结果显示：会驱动中国、非盟双方贸易、经济、福利的全面提升，而在贸易、经济两方面，对非盟的驱动更显著，同时自贸区开放水平与其驱动强度耦合正相关。中国化工类等三类行业贸易会入超，轻纺类等六类行业的附加值将得以提升，而非盟的矿产类、能源类行业受益更大。依次纳入中美贸易摩擦、TTIP、"一带一路"的冲击影响后发现，在经贸层面，贸易摩擦制约中国发展，而非盟从中受益；TTIP对中国、非盟双方均整体产生外部不经济；"一带一路"显著驱动中国发展，而对非盟影响利弊相参。在行业层面，无论何种冲击，对中国、非盟各方九类行业的贸易和附加值的影响均呈较强异质性。此外，各模拟结果均整体体现出经济体之间"和两利，斗俱伤、'渔翁'得利"的博弈特点。

第八章贸易福利视角下"自贸区驱动"的影响效果探究——以在研自贸区为例，主要内容简介如下：新常态下我国经济增长的动力从"要素驱动"向"创新驱动"转变。基于对"创新驱动"的思考，本章对经济增长的"自贸区驱动"从贸易福利视角进行了理论机制和实证方面的论证。结果显示："自贸区驱动"的理论基础是贸易创造与贸易转移及消费者剩余与生产者剩余、关税收入等经济效应的相互抵消；自贸区可通过产生积极贸易效应和消除贸易障碍等贸易红利，以及获得生产利得、消费利得和增加贸易商品多样性等福利效应驱动经济增长。GTAP模拟得出，在研自贸区达成能够驱动我国外贸和福利增长，产生正向经济增长效应；不论横向比较还是纵向比较，"自贸区驱动"与贸易、福利增长均呈现正向联动变化。总之，"自贸区驱动"是能够驱动经济增长的"创新驱动"类型之一。

第二章　自贸试验区和自贸区影响发生的逻辑机理

一、自由开放诱发影响发生的理论基础
——基于关税同盟理论的视角

（一）引言

关税同盟理论作为自由开放理论的重要基石，在区域经济一体化理论发展中的地位和作用毋庸置疑。尤为重要的是，在关税同盟理论的示范和启发下，有关区域经济一体化的重要理论、思想和观点不断涌现，使得整个区域经济一体化理论体系得到不断完善和发展。

自贸区是目前采用最广泛、应用性最强的区域经济一体化合作形式。世界贸易组织（WTO）公布的数据显示，随着2015年日本与蒙古自贸协定的签署，所有WTO成员都至少参与一项区域经济一体化组织活动。而且截至2018年4月8日，通报至WTO的区域经济一体化组织已有672个，正在实施的有458个[①]，其中自贸区数量占比约90%，其他类型（主要是关税同盟和优惠性贸易安排）占比约10%。自贸区也是我国参与区域经济一体化、构建新型对外开放体制的主要载体、合作渠道和重要体现。

自贸区理论的内涵精髓亦根植于关税同盟理论，米德和罗伯森提出的自贸区理论均以维纳（1950）的关税同盟理论为基础衍生而来，因此学术界已经公认了维纳的关税同盟理论在区域经济一体化整个理

---

① 资料来源：http://rtais.wto.org/UI/Charts.aspx。

论体系内的根基地位。

（二）区域经济一体化创新思想的提出：关税同盟理论

20世纪中期，区域经济一体化在全世界掀起首次大发展浪潮，标志性事件是欧亚大陆的欧洲共同体成立及扩容、以苏联为首的经济互助委员会设立等。而世界性经济大事件的发生往往会激起学者们的研究欲望和兴趣，故以此为研究契机，以区域经济一体化现象为主要研究主体的关税同盟理论（维纳，1950）应运而生。关税同盟理论的提出既具有划时代背景，在创新学术思想方面更是厥功至伟，极大地解放了当时人们的固有思想。在该理论提出之前，传统贸易理论的代表人物斯密、李嘉图、赫克歇尔、俄林等都认为区域经济一体化形式的自由贸易是一种利于贸易参与各方经贸发展，并会使全球财富净增加的经济现象，属于正和博弈的范畴。尽管区域经济一体化不是这些学者心目中完全的、非排他性的、全球性的经济一体化，而是次优安排的形态，但这种简配、局部的贸易自由化，同样会带动社会资源和生产要素的合理流动和优化配置，进而对区域内各参与方的经济福利水平有提升作用。但维纳在其理论中通过对区域经济一体化的经济效应（主要是积极的贸易创造效应和消极的贸易转移效应）相互影响、相互抵消、相互比较进行深入分析后提出新的观点：发生在关税同盟内部的区域经济一体化的结果还可能是负和博弈或者零和博弈。这一创新思想对于冲破当时固有观念的束缚意义尤为重大，奠定并夯实了区域经济一体化的发展根基。

（三）维纳关税同盟理论思想的提出及补充

1. 维纳关税同盟理论经济思想概述

关税同盟的特点是同盟内实现贸易不同程度的自由化，但对同盟外执行统一的对外关税政策，这种对外的排他性和关税差异歧视是阐述维纳关税同盟理论的基本前提，这保证了贸易偏转（贸易创造和贸易转移效应不能顺利发挥作用）现象不被诱导发生。其中，维纳提出的贸易创造只会发生在同盟内部各参与成员之间，不直接涉及非参与成员，其效应结果是关税取消或者大幅消减后，劳动生产效率低的成员方的该种商品会被进口自劳动生产率高的伙伴成员方的产品所代替，同时在比较优势理论框架下，该参与成员方会转向生产具有比较劳动生产率优势的其他产品，并出口到伙伴成员方，从而同盟内部的贸易被创造出来，同时各成员的消费者剩余得以提高，引致整个同盟内的社会福利水平也得到提高。而贸易转移指贸易方向的转移，具体来看是讲原本与非参与成员方的进口贸易由于关税同盟的建立被转移到与同盟伙伴成员发生进口贸易，这主要是因为在同盟内部免征关税引致原本进口价格最低（仍然要交关税的价格）的非成员方的进口价格高于伙伴成员方（免征关税的价格）。但贸易转移不会带来非成员和伙伴成员的该种商品生产成本的转换，因而会给进口成员的经济福利带来消极影响。

对关税同盟来说，积极的贸易创造效应和消极的贸易转移效应之间抵消后的差额结果，是判定建立关税同盟会发生正和博弈、零和博弈还是负和博弈的依据，若该结果大于零、等于零、小于零，则分别对应净收益为正的经济福利提升（正和博弈）、净收益为零的经济福利不变（零和博弈）、净收益为负的经济收益减少（负和博弈）的不同情况。具体采用局部均衡的分析办法来对维纳的理论核心思想进行阐述（见图 2-1）。

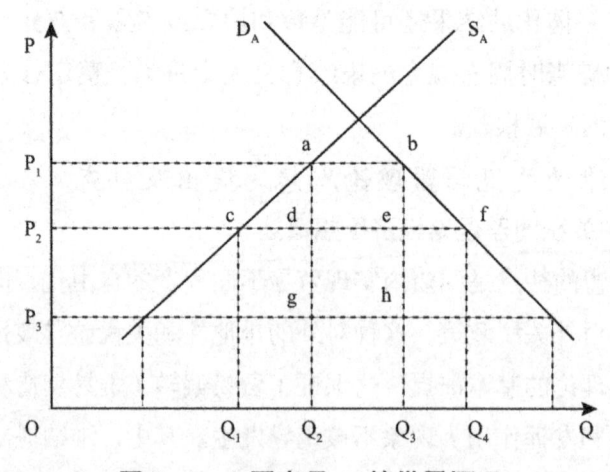

图 2-1 A 国商品 m 的供需概况

第二章 自贸试验区和自贸区影响发生的逻辑机理

假定存在 A 国、B 国、C 国，贸易商品 m。如图 2-1 所示，横轴 Q 代表商品 m 的供需数量，纵轴 P 代表商品 m 的供需价格；D_A 和 S_A 分别代表 A 国的需求曲线和供给曲线；P_1、P_2、P_3 分别代表 A 国、B 国、C 国的不同出售价格；P_1-P_3 代表 A 国针对每单位进口商品 m 所征收的关税。假定只有 A 国和 B 国会建立关税同盟 ABCU，那么在 ABCU 建立之前，由于 P_3 小于 P_2，$P_3+(P_1-P_3)$ 仍然小于 $P_2+(P_1-P_3)$，故按照西方经济学的经济人假设，A 国必然只会从 C 国进口商品 m 来使其国内对该产品的供需达到均衡，且进口数量为 Q_3-Q_2。这时分析 A 国的贸易收益可知，A 国将会获得四边形 abgh 面积大小的关税收益。

再分析关税同盟 ABCU 建立后的贸易效应情况。A 国和 B 国相互免征商品进口关税，都仍保持对 C 国的关税水平，这时会有 P_2 小于 $P_3+(P_1-P_3)$，同样按照西方经济学的经济人假设，A 国将会取消从 C 国进口商品 m，改从 B 国进口该商品，贸易对象的改变表明贸易转移效应发生。但此时 A 国国内商品 m 的进口贸易价格和进口贸易数量也发生转变，由建成 ABCU 之前的贸易价格 P_1 下降为价格 P_2，价格下降刺激消费数量增加，因此进口数量也由 Q_3-Q_2 提升为 Q_4-Q_1，关税同盟成员国 A 和 B 之间贸易数量的提高说明发生了贸易创造效应，还可以具体剖析、衡量贸易创造和贸易转移的具体大小。对比 Q_4-Q_1 和 Q_3-Q_2 的大小可知，Q_2-Q_1 和 Q_4-Q_3 都是贸易创造效应引致产生的需求量，再结合 P_1-P_2，可以分别用三角形 acd 和三角形 bef 的面积来代表贸易创造效应的大小，其中三角形 acd 和三角形 bef 还分别是生产效应和消费效应带来的结果。Q_3-Q_2 代表贸易转移效应发生后被转移掉的需求量，尽管这一部分需求量也会由 B 国代替 C 国提供，但会损失关税收入，损失的关税收入大小可以用四边形 degh 的面积来代表，这是贸易转移带来的消极作用的具体大小。因此，A 国能否因建立关税同盟 ABCU 而获得净收益将取决于三角形 acd 和三角形 bef 面积之和减去四边形 degh 面积的结果的正负。

也可以从消费者剩余和生产者剩余的角度来阐释关税同盟建立后 A

11

国的经济福利变动情况。A国商品m的价格会由P_1降为P_2，增加的消费者剩余和减少的生产者剩余分别可以用四边形P_1P_2bf的面积和四边形P_1P_2ca的面积来表示，而由此引致关税收入的损失可用四边形abgh的面积代表，而此时A国能否因建立关税同盟ABCU而获得净收益将取决于四边形P_1P_2bf和P_1P_2ca的面积之和减去四边形abgh的面积的差，经过换算，该结果与三角形acd和bef的面积之和减去四边形degh面积的差相同。

2. 关税同盟理论的拓展：分析B国、C国经济收益变动

维纳关税同盟理论对A国建立关税同盟后的收益变动情况进行了深入细致的阐释，但对伙伴成员国B国，乃至非参与成员国C国的受影响情况均未做深入分析。下面根据图2-2对建立关税同盟ABCU后影响B国、C国经济福利的情况进行简要说明。

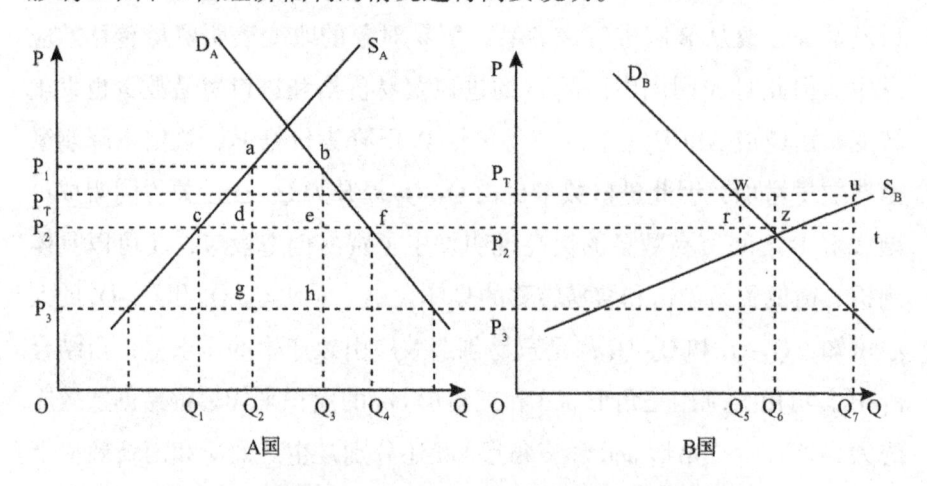

图2-2 建立关税同盟ABCU对B国的影响概况

假定关税同盟ABCU建立前B国国内对商品m的生产供给和消费需求均衡，均衡数量如图2-2中Q_6表示。建立关税同盟ABCU之后，A国和B国共同对外所征的关税大小用P_T表示，另设定P_T大于P_2。建立ABCU之后，B国由于向A国提供出口商品m，引致本国国内的供需失衡，价格由P_2提高为P_T，此时B国的供给量和需求量分别为Q_7和Q_5，由此带来的消耗多余资源的成本和消费损失的成本可以分别用

12

三角形 uzt 和 wrz 的面积来代表，同时由于向 A 国出口所带来的贸易收入可以用四边形 wutr 的面积来代表。此时，建立关税同盟 ABCU 后 B 国的获益情况可用四边形 wutr 的面积减去三角形 uzt 与 wrz 面积之和的差来表示，最终换算为三角形 wuz（wuz=wutr-wrz-uzt）面积的大小，该面积大小若为正，说明在图 2-2 所示情境下，缔结关税同盟将提高 B 国的经济福利水平，反之则反是。

而针对 C 国，B 国与 A 国缔结关税同盟后，其与关税同盟参与方 A 国、B 国的贸易将会因为转移效应的发生而减少，因此关税同盟 ABCU 会外生抑制 C 国的贸易发展，对 C 国来说是外部不经济。

3. 学界对关税同盟理论的补充及完善

基于维纳首先提出的贸易创造效应、贸易转移效应，米德（1955）、约翰逊（1960、1965）、帕纳格里亚（1996）等诸多学者先后提出了区域经济一体化的收入转移效应、消费效应等经济效应，巴拉萨（1961）提出了关税同盟的市场效应、竞争效应、规模效应、投资效应等诸多动态效应，这些研究成果不断补充、完善和丰富了关税同盟理论的思想果实。

（四）关税同盟理论引致区域经济一体化理论体系的发展

关税同盟理论是区域经济一体化理论体系的核心和起点，启发了经济学家们的灵感，于是整个区域经济一体化理论体系开始得到跨越式发展，相关理论、学说持续涌现，整个体系得以逐渐完善。

1. 次优理论

次优理论（The General Theory of Second Best，又称为一般次优理论）的概念由米德（1955）首次提出。但米德仅是借助此概念来阐明和解释福利问题，并未围绕此概念构建成一个专门的学术理论。西方著名经济学者李普西和兰卡斯特基于前人的研究首次正式提出次优理论，并推动了该理论的完善和发展。

次优状态是相对于帕累托最优状态而言的。帕累托最优状态既要满足市场人数足够多、商品同质性、要素流动自由、信息对称透明等完全竞争的必备条件，还需达到交换、生产乃至生产和交换同时的三个最优条件。相对于帕累托最优情况下均衡的最优状态，其余无法达到至少一个帕累托最优条件的状态均属于不同程度的次优状态，依然有帕累托改进的余地。同时，次优理论约束下满足 n-m-k 个条件时的次优状态并非劣于满足 n-m 个条件的次优状态（n 指达到经济效率时的帕累托最优状态要满足的全部条件的个数，n>m ≠ k>1，并且 n>m+k，n、m、k 均为自然数）。

从本质上来看，次优理论描绘的次优状态是缺乏令人满意的经济效率的，但相较于帕累托最优状态而言，次优状态却是更接近现实情况的状态。区域经济一体化与全球经济一体化之间的关系就类似次优与最优的关系。

2. 新区域主义

帕尔默是较早提出新区域主义理论的主要学者。在综合参考帕尔默（1991）、艾塞尔（1998）、费尔南德兹和波特斯（1998），以及国内学者张学良（2005）、陈勇（2005）、郑先武（2007）、赵亚南（2014）的众多见解和论断的基础上，本书归纳总结出如下新区域主义的基本特征。

（1）两个不对称性。首先是参与成员之间经济实力和国力的不对称，可将成员分别定义为"大国"和"小国"，但在不同情境下"小国"与"大国"是相对且可转换的提法，例如墨西哥从国土面积、人口数量、经济规模来看，在全世界都位于"大国"行列，但在其与美国、加拿大共建的北美自贸区中，充当的是"小国"角色。其次是谈判中妥协让步的不对称，也就是说"小国"在区域一体化合作交往中，受制于相对更低的国际地位、更弱的话语权、更小的经贸体量，往往是谈判席上的"追随者""让步者""受冲击者"，尽管这种妥协让步也可能对"小国"相对落后的生产力、劳动效率起到改革"倒逼效应"的积极作用。

（2）泛区域性。当前区域经济一体化的合作成员之间已不局限于相近和相邻的地理范围，广域性的跨区域、跨洲际、跨大洋的区域经济合作正席卷全球，这也是当下区域经济合作的一个鲜明时代特征和发展必然，例如TTIP、TPP、欧盟—日本自贸区、中国与共建"一带一路"国家的自贸区等均具有显著的泛区域性。

（3）谈判在广度和深度层面同步提升。广度提升是指谈判议题或者合作领域已经远远超出贸易领域，甚至经济领域的范畴，如环境保护、劳工权益、知识产权、国有企业、信息自由、政府采购等方面的磋商和落实正逐渐成为当下区域经济合作的标配；深度提升表明"零关税、无例外"的高标准、高要求、高开放特征正引领新的一体化潮流。谈判广度和深度同步提升，耦合关联性强。

3."垫脚石"与"绊脚石"之争

关于区域经济一体化与全球经济一体化的关系，国内外学者一直在争论区域经济一体化究竟是阻碍了全球经济一体化的发展，还是"由片到面"殊途同归式地间接促进了全球经济一体化的发展。对此，经济学者巴格瓦蒂（1993）专门做出了"垫脚石"（building blocks）和"绊脚石"（stumbling blocks）之争的论述。

巴格瓦蒂提出"垫脚石"概念，认为区域性的经济一体化是促进世界经济一体化形成的基础和路径。发生在全球不同地区的区域自由化蓬勃兴起的最终结果还是要归结为世界整体性的自由化，目前的区域自由化更多的是全球性多边贸易谈判进展受阻后的折中妥协方案，是发生质变之前的一个量变的过程和阶段。而"绊脚石"的意思则截然不同，认为区域经济一体化具有显著的外向非开放性和排他性，既会诱发地区保护主义抬头，又会引致消极的贸易歧视效应和贸易转移效应，不利于全球整体性自由开放度的提高和贸易交往的便捷，会阻碍通往世界经济一体化，并会无形中加大多边贸易谈判达成的困难程度。

4."意大利面条碗"现象

巴格瓦蒂（1995）首次给出了"意大利面条碗"的诙谐概念，用以描述在同一地理区域出现的大量区域贸易自由化协定，若用线条将参与成员勾连起来，会表现出显著的相互交织、无序错节、耦合关联特征，并且同一区域的自由化协定数量越多，这种特征就越明显，像极了一碗意大利面（见图2-3）。"意大利面条碗"现象主要表达的是消极作用，具体可解释为若从整体视阈观察某一国家或地区所缔结的各个不同的区域一体化协定，由于受制于各协定框架下所规定的不同原产地规则、各类免税措施、通关程序等，反而无形中加大该国或地区与不同协定框架下伙伴成员间经贸往来的繁琐程度，客观上抬高了通关难度和耗时周期，抑制了该国或地区的贸易便利化发展等。

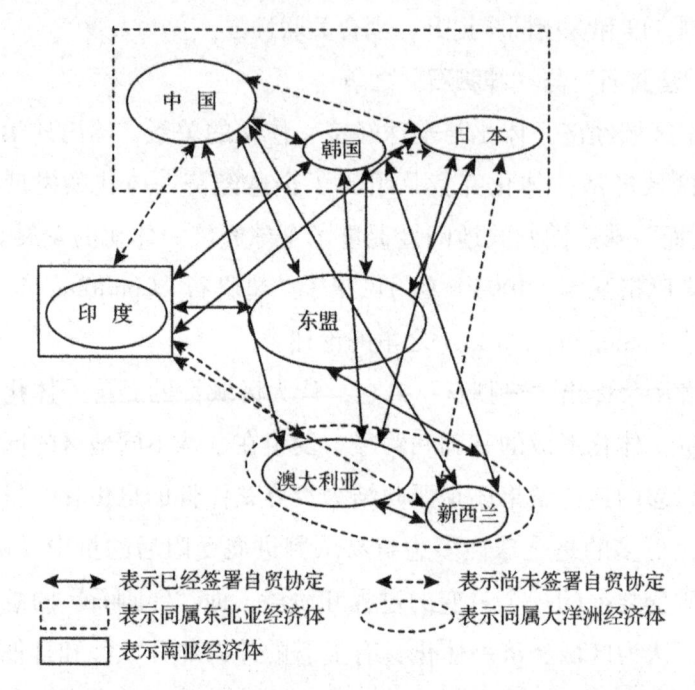

图2-3　以东盟为轮轴的众多自贸区引致的"意大利面条碗"现象

资料来源：根据东盟官网、WTO/FTA 咨询网、中国自贸区服务网提供的资料整理而得。另外，澳大利亚和新西兰不仅与东盟分别签订两个自贸区，而且共同签订了一个自贸区——东盟—澳大利亚—新西兰自贸区（AANZFTA）。

通过分析纵横交错的"意大利面条碗"区域贸易协定，可以"抽丝剥茧"，发现"大国"在主宰区域经济一体化谈判和合作的过程中，往往能够以自身为中心集聚更多的经济自由化协定，进而形成该"大国"的轮轴中心地位,并且呈放射状辐射各合作伙伴国。尽管各"辐条国"之间亦会达成区域贸易协定,但这并不影响"轮轴国"的轮轴地位。

5. "轮轴—辐条"结构

科瓦尔奇克和旺纳科特(1992)、鲍德温(1994)分别以美洲、欧洲作为研究的空间地理范畴,提出区域经济合作的"轮轴—辐条"结构问题。

"轮轴国"常是全球性或区域性的"大国",而"辐条国"更多是充当"小国"角色,但也有例外,比如在以东盟为轮轴的一系列自贸区当中,其合作伙伴,诸如中国、日本、印度、澳大利亚等均在综合实力方面强于或者不次于东盟的整体实力,但东盟巧妙运用"大国制衡"的政治和外交策略,坐实这些自贸区成员的"轮轴国"和"驾驶员"地位。从全球范围看"轮轴国"既可能是某一个国家,比如美国、南非、日本等,亦可能是某一区域性合作组织,比如欧盟、东盟、海湾阿拉伯国家合作委员会(以下简称海合会)等。"轮轴国"也存在等级差异,根据"轮轴国"的驾驭协定数量、综合实力、全球影响力、辐射地理广度等,至少可将其依次划分为垂直型的三级,分别是"一级轮轴""二级轮轴""三级轮轴"。当前全球的"一级轮轴"主要是欧盟和美国,"二级轮轴"有东盟等,"三级轮轴"有南非等(见图2-4)。此外,"轮轴国"与"辐条国"的地位在特定条件下是可以互换的,以东盟为例,若欧盟—东盟自贸区达成,那么东盟就属于"一级轮轴"欧盟的一个"辐条国",而前面所述在东亚、东南亚、南亚、大洋洲区域范围内,东盟占据着区域经济合作的"轮轴国"地位。

伴随着20世纪90年代初新区域主义在全球的快速发展,以自贸区为主要模式的区域经济一体化合作蓬勃发展,引致更加显著和普遍的"意大利面条碗"现象。而透过"意大利面条碗"现象可以"抽茧剥丝",发现大量的"轮轴—辐条"结构效应。此外,"轮轴—辐条"结构与新区域主义、"意大利面条碗"效应是耦合联系的。帕尔默等学者的新区域主义理念为该结构的发展奠基了一定的理论根基,同时基于对"意大利面条碗"现象的剖析可以窥视出该结构的诸多轮廓形态。20世纪末期,在全球性和区域性层面兴起的诸多自贸区中,已经逐渐表现出较为显著的经贸自由化"轮轴—辐条"结构。

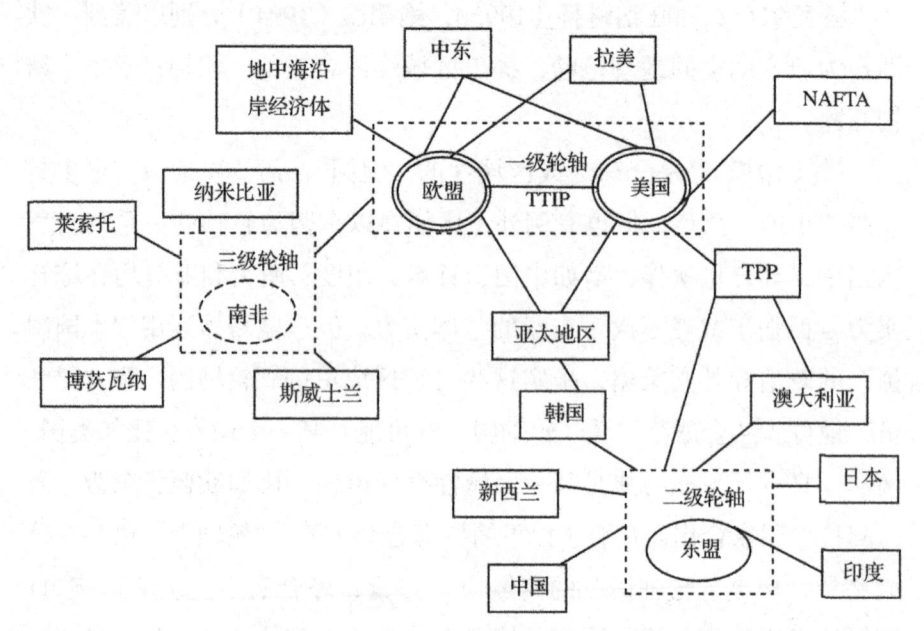

图 2-4 全球自贸区的"轮轴—辐条"局部结构

资料来源:WTO 官网、中国自贸区服务网,同时借鉴赵世璐(2013)的相关研究。

(五)研究总结

总之,关税同盟理论的"贸易创造"和"贸易转移"效应开创性地提出了参与方经济福利收益不确定的观点,后续学者的补充性研究又进一步充实了对各参与方的收益分析。随着以自贸区、关税同盟为代表的区域经济一体化的蓬勃发展,基于对关税同盟理论的持续探究,国内外众多专家学者针对区域经济一体化发展的合理性、必要性、争议性、结构性,从学说和理论的视角提供了诠释、补充和完善,直接或间接引致发展出次优理论、新区域主义、"垫脚石"与"绊脚石"之争、"意大利面条碗"现象、"轮轴—辐条"结构等代表性学术理论或见解，不断在关税同盟理论基础上补充、丰富和完善区域经济一体化理论体系。

二、自贸试验区的影响发生
——基于区域产业结构升级视角

（一）引言

习近平总书记指出："推动经济的高质量发展，要把重点放在推动产业结构的转型升级上，把实体经济做实做强做优。"而中国经济发展主要矛盾的转变是经济必须高质量发展的逻辑起点（高培勇，2019），据此促进产业结构升级成为点燃经济高质量发展的"引擎"和解决经济主要矛盾的关键。而在新时期如何发掘出促进产业结构升级的新突破点，亟待学界重点跟进研究。

作为目前包容式增长的缩影，自贸试验区战略在中国得到快速布局，从2013年9月至2020年9月，短短7年时间中国已经先后设立6批共21个自贸试验区，涉及沿海、沿江、沿边和内陆的21个省（自治区、直辖市），产生了显著的制度红利，促进了贸易发展、工业增长、GDP提高、投资增加、就业扩大等（陈林和罗莉娅，2014；Yücer and Siroen，2017；黄启才，2018）。设立自贸试验区的初衷是为地区产业高质量发展营造有利的外部环境（聂飞，2019），因此单从经济逻辑和常识思维来初步判断，发展自贸试验区很有可能是促进区域产业结构转型升级的重要途径。但自贸试验区究竟是否会促进区域产业结构升级？会如何作用于产业结构升级？会对周边区域的产业结构升级产生怎样的影响？是否会通过影响产业结构升级进而促进区域经济高质量发展？遗憾的是，对于这些问题的专门研究目前还不足（李世杰和赵婷茹，2019），顶层的理论探究更加匮乏，鲜有的几篇针对性研究不足以提供坚实的经验和学术支撑，似乎没能给出充足、全面的解释。同时，产业结构升级也会进一步验证自贸试验区政策执行的正确性，并进一步提高新设和扩区自贸试验区及复制推广"先行先试"经验的积极性，因而自贸试验区设立与区域产业结构升级两者存在因果互承关系，但本研究仅考查自贸试验区影响产业结构升级的单向机理关系，反向因果有待后续研究。

本研究聚焦自贸试验区影响产业结构升级的作用机理，透过区内视域、区外视域、区际视域定性推演和逻辑演绎由此产生的一系列影响效应，并讨论"自贸试验区驱动"对经济高质量增长的引致影响。本研究将为自贸试验区战略的持续推进、自贸试验区"先行先试"经验的复制推广，以及更好地发挥自贸试验区促进区域产业结构升级的效应提供理论依据，也为后续的实证研究和政策设计提供机理支持和学理依据。

（二）文献综述

1. 对外开放影响产业结构调整的研究

（1）贸易开放对产业结构的影响。多数学者强调贸易开放对产业结构升级有显著促进作用。其中有的学者从扩大进口的角度进行分析，如Lu和Yu（2015）指出削减进口关税会加剧企业间的竞争和优胜劣汰，因此带来的资源优化配置会显著促进产业升级。但也有学者提出贸易开放对产业结构优化的影响不显著（Amiti and Freund，2010），甚至是消极影响的观点（章潇萌和杨宇菲，2016）。

（2）投资开放对产业结构的影响。有学者基于资源优化配置、提升投资能力、产业关联与竞争效应、金融发展效率的视角提出FDI促进了产业结构的升级（Chen et al.，2011；Amighini et al.，2014；陈琳和朱明瑞，2015；张林，2016）。同样也有不完全一致的观点，如叶初升等（2020）指出在统计上FDI对产业结构合理化的影响不显著，对产业结构高级化的影响甚至是显著为负的。

（3）服务业开放对产业结构的影响。Bustos（2011）和Georgios（2013）的研究都认为服务业开放促进了本国经济增长和技术创新，进而有利于促进本国产业结构的高级化。陈明和魏作磊（2016）、姚战琪（2019）的考察结果都显示，服务业开放与产业结构升级之间存在较显著的正向稳定关系。还有学者还专门探究了金融业开放对产业结构调整的影响效果（易信和刘凤良，2018）。

2. 对自贸试验区经济效应的研究

自贸试验区设立会产生怎样的经济效应？国内外学者的研究成果丰硕，但观点莫衷一是。其中肯定观点占主流，也掺杂着否定的声音，同时也有学者提出要辩证看待。

大部分学者认为自贸试验区会产生积极的经济效应（如贸易发展、工业增长、GDP 提高、投资增加、就业扩大等）。谭娜等（2015）基于上海的反事实研究发现，自贸试验区对工业增加值、贸易总额有显著正效应。Castilho 等（2015）以巴西玛瑙斯自贸园区为研究对象的实证研究表明，自贸园区能够改善当地居民的生活条件，提高地区福利。张军等（2018）的研究认为自贸试验区会促进经济增长，而且内陆型自贸试验区的驱动力更强。Jenkins 和 Kuo（2019）基于对多米尼加共和国自贸园区税收减免的研究发现，税收减免驱动了经济社会发展。

部分学者认为自贸试验区对区域经济发展不利，会带来消极影响（如福利降低、收入减少、贸易逆差等），原因包括自贸试验区的局部开放会诱发消极的贸易转移（Quaicoe et al.，2017），自贸园区内的企业更愿意使用外国中间产品导致贸易逆差扩大（Seyoum and Ramirez，2012）等。刘秉镰和吕程（2018）采用合成控制法研究发现自贸试验区会削弱贸易竞争力，沪、闽、粤三个自贸试验区均对净出口额有显著负向影响。

也有学者在肯定自贸试验区的正向影响的同时，指出存在影响不显著的特征，如叶修群（2018）的准自然实验结果发现考察期内津、闽两大自贸试验区对经济增长驱动不显著。陈林等（2019）的研究肯定了自贸试验区的贸易红利和增长红利，但未发现显著的投资红利。

3. 对自贸试验区影响产业转型发展的研究

众多文献探究了自贸试验区的经济效应问题，但专门以自贸试验区为对象，研究其影响产业结构升级的文献仍有限，少量的相关研究主要以国内学者的贡献为主。如魏丹和许培源（2015）研究了自贸试验区直接投资引起的产业区位转移效应，郭晓合和叶修群（2016）考察了从中国"入世"至上海自贸试验区扩区期间制造业与服务业的产业连锁效应。而定量研究集中出现在近两年，如李世杰和赵婷茹（2019）运用回归控制法对上海自贸试验区进行的研究，表明自贸试验区可以显著促进产业结构的高级化，但对产业结构合理化的影响作用前期明显而后期不显著。黎绍凯和李露一（2019）的研究发现上海自贸试验区对产业结构高度化有明显推动作用，但对加工程度高度化的影响不太显著。相较于李世杰和赵婷茹、黎绍凯和李露一的研究，聂飞（2019）的研究主要采用DID模型进行检验，其在肯定自贸试验区设立可以有效促进制造业结构合理化的同时，也指出其政策效果具有三年持续期，但之后不再显著，有些自贸试验区的政策效果因滞后效应尚未显现。

综上可见，学者们围绕对外开放、自贸试验区建设与产业结构调整转型进行了大量研究，成果丰硕，表明与本书相关的研究已经得到了国内外学者的大量关注，但直接探究自贸试验区与产业结构升级的研究仍不足，尤其是缺乏对产业结构升级的"自贸试验区驱动"的中介途径和长期效应的研究，忽略了自贸试验区对周边城市产业结构升级的溢出影响（冯帆等，2019）；也鲜有关于自贸试验区的协同发展驱动产业结构升级的研究，而如何发挥好协同的效能正是当前自贸试验区在实践推进中面临的突出问题之一；同时，缺乏对自贸试验区影响产业结构升级是否引致经济高质量增长的探讨，即研究经济后果的文献。本书针对上述欠缺内容，重点从机理层面进行了定性推演和逻辑演绎，做出相应的边际贡献。

（三）基于三维视域的"自贸试验区驱动"发生机理

1. 区内视域

（1）"自贸试验区驱动"的驱动效应具体包括三个方面。

第一，自贸试验区自身的重视、政策引导和鼓励。通过查阅、梳理各个自贸试验区的发展目标、功能地位及战略定位可知，不论是何种类型（沿海型、沿江型、沿边型和内陆型）的自贸试验区，都提出要努力提升园区产业的聚集化、高端化、现代化、创新化，把园区打造成为新兴产业的集聚区、现代产业示范区、高科技产业园区、高端化产业高地等。如沿海型的天津自贸试验区，其下辖的三个片区在功能划分上，明确提出要分别重点发展现代服务业、高端制造业及生产性服务业；沿江型的湖北自贸试验区根据其建设总体方案中的战略定位，在产业发展方面，其要努力成为中部有序承接产业转移示范区、战略性新兴产业和高技术产业集聚区等。这些都有助于促进自贸试验区产业结构的升级。

第二，在逻辑演绎方面，由于自贸试验区是全面深化改革和扩大开放的"试验田"，因此可以通过对内改革和对外开放两方面剖析其对产业结构升级的影响。对内改革体现在自贸试验区通过对商事制度、贸易监管制度、金融开放制度、事中事后监管制度等的改革创新，引导区域产业政策制定和实施，推动区域产业结构合理化。而通过政府角色转变、进口便利化、税收政策优化等营商和市场环境的改革完善，自贸试验区一方面能够吸引资金、技术、人才等优质要素不断涌进；另一方面也便于借鉴吸收国外先进管理制度，这些都对产业结构高级化有积极作用（蔡海亚和徐盈之，2017）。在对外开放方面，首先，自贸试验区通过实施浮动汇率与资本自由化有效促进中国资本市场自由化，从而加快国际资本的流通，为产业结构升级提供资金支持（申桂萍和王菲，2016），推动贸易由传统的制造环节向生产性服务业等高端环节延伸。其次，开放能够削减贸易壁垒，推动要素、商品及服务在国际间自由流动，进而显著影响区域内产业分工及区位选择（Venables，2003），也有助于企业从价值链低端向高端转移，从而促进生产结构的优化和相关产业的升级（Baba et al.，2000）。

第三，在学术研究成果方面，现有的针对性研究大都认为自贸试验区对产业结构升级有积极作用，尤其是说服力更强的定量研究，尽管有研究指出了驱动效应有差异甚至不显著，但总体仍肯定了正面影响。如李世杰和赵婷茹（2019）与黎绍凯和李露一（2019）的实证研究都显示上海自贸试验区对推动产业结构高度化正向作用显著，尽管对产业结构合理化和加工程度高度化的积极影响总体偏弱。聂飞（2019）实证考察认为自贸试验区总体上能够有效促进制造业结构合理化，但沪、津、闽、粤四大自贸试验区对制造业结构合理化的影响在持续期和滞后期有差异。

（2）"自贸试验区驱动"的中介效应。通过归纳梳理各自贸试验区建设的主要任务和举措，发现其直接且集中体现在贸易开放、投资自由、金融创新、制度变革四大方面。据此可研判自贸试验区设立作为初始政策干预，能够通过作用于贸易开放、投资自由、金融创新、制度变革进而促进区域产业结构升级，这是理解自贸试验区与区域产业结构升级中介途径的关键环节。

贸易开放是自贸试验区作用于产业结构升级的基础，推动贸易自由化及便利化是自贸试验区建设的首要表征。首先，贸易开放能够削减贸易壁垒，推动要素、商品及服务在国际间自由流动，进而影响区域内产业分工及区位选择，也有助于提高企业出口赚取更多利润（林毅夫，2004），帮助企业从价值链低端向高端转移，从而促进生产结构的优化和相关产业的升级。其次，自贸试验区通过贸易监管改革、培育贸易新业态和新模式等手段促进贸易便利化，能够优化贸易环境，扩大企业规模，带来的专业化分工能够驱动产业结构从低级向高级攀升（周茂等，2016）。

投资自由是自贸试验区促进产业结构升级的核心。首先，自贸试验区投资自由化所引发的竞争加剧将刺激本地企业进行技术创新（Li et al.，2016），市场优胜劣汰促进要素、服务和商品的优化配置和重新组合（Lu and Yu，2015），进而对产业结构调整产生显著影响。其次，自贸试验区不断降低投资限制，一方面，能吸引 FDI 不断入区投资，为企业生产升级提供资金；另一方面，负面清单等管理体制改革降低了投资"寻觅"成本，助推自贸试验区成为营商高地，并推动试点城市产业结构升级（申桂萍和王菲，2016）。

金融创新是自贸试验区促进产业结构升级的支撑。自贸试验区鼓励探索实施金融创新、提升跨境投融资的便利化，这有助于引致区内发生金融集聚。而金融集聚所引发的一系列集聚效应，可以通过外部规模经济效应、创新激励效应、资源优化配置效应和累积循环因果效应等来促进产业结构的调整升级（于斌斌，2017）。此外，自贸试验区内的金融集聚，能够给竞争力强、效益高、前景好的企业增加资金供给，这也有利于企业进行持续投入，加快产业升级。

制度变革是自贸试验区促进产业结构升级的保障。自贸试验区是制度创新的"试验田"，肩负"先行先试"的制度创新任务，而制度作为生产力，对生产关系的形成、运行和变革都有着关键性影响。自贸试验区在开放的过程中注重对照国际投资贸易和区域经济合作的新规则、新标准，进行本土化的试验、改革和创新，促进了试点城市一系列制度的变革（蔡海亚和徐盈之，2017），而制度变革可以疏通无形梗阻、促进区域内外要素流动，集聚全球创新资源提升区域发展能级，进而有助于区域产业结构的升级。

（3）"自贸试验区驱动"的长期效应。自贸试验区驱动效应的探究突出了两个特征：第一是事后判断，即对已发生事实的效果判断；第二是中短期研究，因为现有的自贸试验区设立的时间都较短。相较之下，本部分的研究体现事前预测、长期研究，即自贸试验区设立对区域经济结构升级产生影响的长期效应。

制度创新是自贸试验区的核心任务，在重点领域及关键环节的对外开放创新和对内改革创新绝不是简单的政策优惠，也就是说，自贸试验区对经济社会的影响主要通过制度红利来实现（叶修群，2018）。自贸试验区的制度创新具有范围广、维度深的变革性、持续性、示范性特征，由此产生的制度红利为我国扩大与深化改革开放提供了大量可复制、可推广的经验，为新时期中国市场经济建设提供了新的驱动力，对区域经济社会发展产生了显著的长期效应（殷华和高维和，2017）。此外，现有研究自贸试验区经济社会效应的文献，无论是对单个自贸试验区（王利辉和刘志红，2017）的研究，还是对沪、津、闽、粤等多个自贸试验区（武剑和谢伟，2019）的研究，均表明自贸试验区的设立对区域经济发展总体表现出积极影响（尽管可能存在异质性），而且影响具备长期性特征。因此将特殊性规律推广到一般性，可以认为自贸试验区对区域产业结构升级的影响具备显著长期性。

2. 区外视域

主要探究自贸试验区对周边城市产业结构升级溢出效应的机理逻辑。

（1）基于自贸试验区视角的分析。首先是"倒逼"作用，自贸试验区凭借先天发展优势和持续释放的改革红利，可对人才、资本、信息和技术等产生集聚和"虹吸"作用，这些要素和资源会更多地从其他区域，尤其是周边地区向试点城市集中，如自贸试验区贸易、投资、服务业的开放，势必吸引周边城市的相关资源向试点城市聚集，必将冲击周边城市原有的产业结构形态，"倒逼"其产业结构进行重新调整。其次是竞合作用，试点城市会根据自身发展目标、功能地位及战略定位做大做强，诸如高新技术产业、先进制造业、高端服务业、生产性服务业等一系列现代产业和新兴产业，而试点城市产业结构的优化调整势必给周边地区的产业结构带来新的竞争压力，亦带来新的合作机会。最后是外溢作用，自贸试验区会带给周边城市显著的经济外溢影响（曹旭平，2015），其中就包括对产业的外溢影响，会促使周边城市做好产业的转移承接工作，这可能成为周边城市产业结构升级的新动能。

（2）基于周边城市视角的分析。首先，由于地理位置毗邻，周边城市占据"地利"优势，可以更快地接触和学习自贸试验区先进的发展经验，更好地借力自贸试验区的平台推动、壮大自身优势产业，充分发挥本地产业的比较优势，积极做好产业的调整升级，提高产业竞争力。其次，自贸试验区设立后，周边城市往往会主动采取措施对接和融入自贸试验区的产业链，如布局产业供应链，积极发展配套产业，围绕自贸试验区产业链需求，发挥本地自然资源、劳动力、土地成本、空间便利等优势，配套发展相关产业，进而促进本地产业转型，拉动现代产业、新兴产业的发展。

3. 区际视域

主要探究自贸试验区片区（试点城市）之间的协同效应是否影响各自产业结构升级的机理逻辑。

处理好各自贸试验区之间的协同发展，是克服自贸试验区开放创新的"单兵突进"和"碎片化"问题及取得叠加放大效果的关键，因此，有必要发挥协同效应，形成空间溢出。从实践来看，目前以片区（试点城市）为单位的协同合作已在积极推进中，一方面，隶属于同一省域的片区之间无疑都强调协同分工；另一方面，省际间的片区协同合作也广泛开展，如广东自贸试验区的深圳前海蛇口片区已与四川自贸试验区的川南临港自贸片区、重庆北碚蔡家自贸片区、河南洛阳自贸片区、湖北宜昌自贸片区、湖北襄阳自贸片区等签署合作备忘录，都对产业互利合作、产业优势互补提出了要求，将其列为协同的重要内容。

而自贸试验区片区之间的协同、交往互动，如片区之间的"信息互换、执法互助、监管互认"等协同方式，一方面能够打破区域间的行政壁垒，大幅提升片区内企业的经营效率，减少企业的规则学习及运营成本，帮助企业集中精力进行生产和产业结构升级；另一方面可以畅通产业要素流动渠道，降低要素流通成本，促进要素高效流动和配置，吸引适合本片区功能定位的高端产业、新兴产业、现代产业所需资源要素聚集，进而助力产业结构升级。此外，片区间协同，有利于产业分工体系的形成，良性的产业分工能够促进试点城市间的优势互补、配套发展，实现跨区域产业链的延链、补链式发展，从而促进各协同片区的产业布局和结构升级。

（四）"自贸试验区驱动"对经济高质量发展的引致效果

产业结构升级是促进我国经济高质量发展的重要措施，由此推断区域产业结构升级的"自贸试验区驱动"会引致高质量发展的经济效果。可以通过实证分析进行验证，实证分析的基本思路如下。

先基于"创新、协调、绿色、开放、共享"新发展理念构建经济高质量发展的评价指标，其中"创新"可采用R&D产出水平（每万人专利授权量）等指标衡量，"协调"可采用城乡人均收入比等指标衡量，"绿色"可采用能耗水平（每万元GDP能耗）等指标衡量，"开放"可采用对外贸易依存度（对外贸易总额与GDP之比）等指标衡量，"共享"可采用城镇登记失业率等指标衡量（程莉和王琴，2020）。再通过熵权TOPSIS法将各指标整合成"经济高质量指标"建立模型（2-1）。

$$\ln Ecnomy_{it}=h_0+h_1 PFTZ_{it}+H_2\ln Structure_{it}+h_3 PFTZ_{it}\times \ln Structure_{it}+h'\ln K_{it}+\tau_{it} \quad (2-1)$$

Econnomy表示经济发展质量，用代表新发展理念的五个具体指标衡量。K代表影响经济高质量发展的控制变量集合，$PFTZ\times \ln Structure$为交互项，表示自贸试验区促进产业结构升级引致的净效应，τ_{it}为随机误差项。h_0、h_1、h_2、h_3、h'均是待估参数，但h_3为核心估计参数，其正负和显著性是判断自贸试验区影响产业结构升级的经济后果依据，若h_3显著为正，则表示自贸试验区通过影响产业结构升级，有效促进了试点城市经济的高质量发展。

（五）发挥"自贸试验区驱动"最优效能的路径设计

本研究以自贸试验区为切入点，从理论层面探究区域产业结构升级的"自贸试验区驱动"逻辑机理，是对区域经济自由化理论和创新经济增长理论的进一步解释和完善，也为充分发挥好自贸试验区影响区域产业结构的一系列效应提供了理论依据和现实靶向。而如何发挥"自贸试验区驱动"的最优效能，也可以基于区内、区外和区际视域设计措施路径。

从区内视域来看，一是要坚定不移推动自贸试验区建设。适度加快新设区和旧有扩区的发展，不断实现自贸试验区片区由点成线、连线织面、面动成体，让更多区域直接享受到产业结构升级的"自贸试验区驱动"红利。二是积极做好自贸试验区"先行先试"的示范和建设经验的复制推广，加强沿海型、沿江型、沿边型和内陆型自贸试验区之间在功能定位上的差异化和错位发展。三是要适时推动有条件的自贸试验区升级为有中国特色的自贸港，实现产业结构升级由"自贸试验区驱动"向"自贸港驱动"迈进。

从区外视域来看，自贸试验区各片区的周边城市要在发挥自身比较优势的基础上，主动调整产业布局和结构，深度嵌入自贸试验区构建的产业链，做好产业对接和承接工作。在以自贸试验区为中心构建的区域产业链中摆正定位、扮演好"角色"，充分利用和发挥自贸试验区平台的辐射和溢出效应，为自身经济高质量发展激发持续的产业动力。同时也要认真做好防御自贸试验区的虹吸效应、负向外溢、引资竞争等外部不经济影响的工作。

从区际视阈来看，要实现自贸试验区之间"1+1>2"的倍增效能，必须将协同作为统筹自贸试验区今后建设的重要任务。可以通过建立自贸试验区协同创新联盟来构建常态化交流机制和合作平台，实现自贸试验区相互之间制度对接、产业协同、有序竞争，降低试错成本，对于重大创新试验任务，集合各自贸试验区的力量攻坚突破，最终形成立体全面、互补共兴的协同发展新格局。

三、自贸区的影响发生
——基于贸易高质量发展视角

（一）引言与文献综述

党的十九大提出"推动形成全面开放新格局""发展更高层次的开放型经济"，这是我国从贸易大国向贸易强国转变的必然选择，也是新时代高质量发展对外贸的新要求。2019年11月，中共中央、国务院发布《关于推进贸易高质量发展的指导意见》（以下简称《指导意见》），从国家高度正式提出要推进贸易高质量发展，并将其定位为事关中国经济社会发展全局的大事。由此可见贸易高质量发展已成为构建现代化经济体系、实现中国经济高质量发展的前提和基础，因而讨论如何推动中国贸易高质量发展，探寻贸易高质量发展的有效驱动力具有重要的理论价值和现实意义，是现阶段亟待解决的经济发展问题。

贸易高质量发展离不开高水平开放，进一步扩大开放是推进贸易高质量发展的持久动力（余淼杰，2019）。自贸区是当前中国更高层次开放的重要平台和抓手，尽管其显著促进了贸易数量和流量的扩张（赵亮，2017；赵金龙等，2019；李志远和林怡纯，2021），但其是否驱动了贸易高质量发展，相关研究尚匮乏。目前相关研究主要关注三个方面：一是自贸区引致的各类效应，如经济效应、贸易效应、投资效应、福利效应等（赵亮和陈淑梅，2015；Hur and Qiu，2019；黄启才等，2019；冯晓玲和姜珊珊，2020；Permani，2020）；二是对贸易高质量发展本身的研究（戴翔和宋婕，2018；曲维玺等，2020；马林静，2020；Dincer and Tekin-koru，2020；蔡宏波和姚正远，2021）；三是贸易开放对产品质量的影响（施炳展和张雅睿，2016；杨逢珉和程凯，2019；Huang et al.，2020；刘啟仁等，2020）等方面。这些研究要么缺乏贸易高质量发展的政策冲击视角（本书以自贸区建立作为政策冲击变量），仅针对贸易高质量发展本身提出"一揽子"问题（如内涵定义、发展评价、影响因素等），要么研究企业产品出口质量、进口质量（主要是中间品），但产品贸易质量仅是贸易高质量发展的一个体现维度，并不能代表完整的贸易高质量发展。因而，对自贸区建立影响贸易高质量发展的研究尚存在明显缺口。

本研究在理论层面较显著地拓展了现有研究的视角和架构，边际贡献体现在三方面：一是选题视角上有较大突破。基于对"贸易高质量发展离不开高水平开放"（余淼杰，2019）、"进一步扩大开放是推进贸易高质量发展的持久动力"（任鸿斌，2019）等观点的思考，选择以自贸区为切入点，探究自贸区驱动贸易高质量发展的单向影响。二是基于五维耦合思路对贸易高质量发展的内涵进行了全新界定。首次提出"贸易的结构升级、效益提高、实力增强、环境改善、可持续增长，并分别是贸易高质量发展的基础、动力、关键、保障、目标"的观点，克服了现有研究大多只是泛泛地从不同角度构建评价体系，但各角度间未给出定位、逻辑关系的问题。三是首次通过整体、横向、纵向三大层面，对贸易高质量发展的"自贸区驱动"效果进行了系统、深入、严谨的推理演绎。在实践层面将为充分发挥"自贸区驱动"最优效果提供施策靶向。

（二）基于三大层面的"自贸区驱动贸易高质量发展"逻辑机理推导

1. 评价体系的全新设计

贸易高质量发展是实现贸易强国的必由之路，以推动贸易更加高效、更为平衡和更可持续地发展为目标（曲维玺等，2020），其内涵丰富多元（马林静，2020），总体来讲就是要达成贸易在横向维度上发展得更均衡和纵向维度上发展得更充分（戴翔和宋婕，2018）。关于贸易高质量发展的研究集中出现在2019年及以后，特别是《指导意见》刚发布后的2020年，针对性研究更为丰富。已有研究重点关注其发展内涵（戴翔和宋婕，2018）、评价体系（何莉，2011；朱启荣等，2012；马林静，2020）、逻辑动因（马林静等，2020）、路径对策（曲维玺等，2020；洪俊杰等，2020）等基础性问题。尽管现有研究已对评价体系进行了较多的设置，但评价指标的设置都是泛泛提出、孤立存在，缺乏对指标相互间的定位、关联、逻辑关系的界定说明。

根据《指导意见》的要求，并借鉴上述相关学者的研究，综合考虑贸易高质量发展内涵，本研究首次提出"贸易结构优化、贸易效益提高、贸易实力增强、贸易环境改善、贸易可持续增长，分别是贸易高质量发展的基础、动力、关键、保障、目标"的指标设计思路。基于此，本书将贸易结构、贸易效益、贸易实力、贸易环境、贸易可持续增长作为评价体系的一级指标，各一级指标又包含若干二级指标（详见表2-1）。

表2-1 贸易高质量发展的评价指标体系设计

研究目标	一级指标	指标名称	二级指标 具体含义	测度方法
贸易高质量发展的评价指标体系	贸易结构	贸易方式结构	反映一般贸易、加工贸易、其他贸易的贸易占比	各类贸易形式的贸易总额÷全部贸易的总额
		贸易商品结构	反映农产品、机电产品、高新技术产品、其他产品的贸易占比	各类商品的贸易总额÷全部商品贸易总额
		出口市场结构	按照中国香港、中国台湾、美国、日本、欧盟、俄罗斯、韩国、英国、澳大利亚、加拿大、巴西、南非、其他经济体统计出口总额	出口至各大经济体的贸易额÷出口至世界的总额
		进口市场结构	按照中国香港、中国台湾、美国、日本、欧盟、俄罗斯、韩国、英国、澳大利亚、加拿大、巴西、南非、其他经济体统计进口总额	进口自各大经济体的贸易额÷进口自世界的总额
		贸易产业结构	按照三次产业进行统计，反映三次产业结构的合理化程度	各大产业的贸易额÷贸易总额
		贸易区域结构	对比中国各省市的进出口贸易总额情况	各省市的贸易额÷中国贸易总额
	贸易效益	对GDP的贡献率	反映贸易对GDP增长的贡献程度	贸易行业增加值增量÷GDP增量
		对GDP的拉动	反映贸易对GDP增长的拉动程度	贸易行业增加值增量÷基期GDP
		贸易条件	反映出口商品与进口商品的交换比价	出口商品价格指数÷进口商品价值×100%
		贸易增值率	指加工贸易增值率	加工贸易的出口值÷其进口值

续表

研究目标	一级指标		二级指标		
			指标名称	具体含义	测度方法
贸易高质量发展的评价指标体系	贸易实力	竞争力方面	贸易竞争力指数	反映某类商品的国际竞争力优势	某商品进出口贸易的差额÷同类商品进出口贸易总额
			显示性比较优势指数	反映中国某类商品在世界同类商品中所处的竞争地位	（中国某商品出口额÷中国出口总额）÷（世界该类商品的出口额÷世界出口总额）
			贸易规模	反映贸易总额增长情况	根据统计公布的数据直接统计
		话语权方面	自贸区建立数量	指已经建成的自贸区个数，不包括正在谈判和正在研究的自贸区	根据中国自由贸易区服务网公布的资料直接统计
			主导的国际经济组织数量	指已经建成的各个自贸区所有成员的GDP总和	以中国自由贸易区服务网公布的资料和世界银行公布的数据进行统计
				指中国作为首个提出国或者主要创始国倡导建立的经济组织或发出的倡议	如"一带一路"、金砖国家新开发银行、亚洲基础设施投资银行、丝路基金、上海合作组织、RCEP（《区域全面经济伙伴关系协定》）等
	贸易环境	市场环境方面	外商直接投资规模	反映FDI增长情况	根据国家统计局公布的数据直接统计
			对外直接投资规模	反映OFDI增长情况	根据国家统计局公布的数据直接统计

33

续表

研究目标	一级指标		指标名称	二级指标 具体含义	测度方法
贸易高质量发展的评价指标体系	贸易环境	市场环境方面	营商环境排名	反映对FDI吸引强弱的软实力	根据世界银行等机构发布的《全球营商环境报告》和中国的粤港澳大湾区研究院等机构发布的中国各城市年度营商环境排名确定
			贸易便利化指数	反映非关税壁垒程度的重要指标	根据彭羽和陈争辉（2014）提出的自贸试验区便利化指标体系进行测度
		生态环境方面	贸易能源消耗	指单位贸易产品的能耗	能源类产品的能耗总量÷贸易产品总额
			能源产品贸易占比	反映能源类产品的贸易发展情况	能源类产品的贸易额÷贸易总额
			资源产品贸易占比	反映资源类产品的贸易发展情况	资源类产品的贸易额÷贸易总额
	贸易可持续发展	贸易新动能方面	贸易废气/水/渣排放量	单位贸易产品产生的废气/水/渣	贸易产品的废气/水/渣排放量÷贸易总额
			跨境电商贸易占比	反映跨境电商贸易的发展情况	跨境电商贸易额÷贸易总额
			数字服务贸易占比	反映数字服务贸易的发展情况	数字服务贸易额÷贸易总额

续表

研究目标	一级指标	二级指标		
		指标名称	具体含义	测度方法
贸易高质量发展的评价指标体系	贸易可持续发展			
	贸易新动能方面	市场采购贸易占比	反映市场采购贸易的发展情况	市场采购贸易额÷贸易总额
		来自自贸区伙伴的贸易占比	与已经达成自贸区的伙伴成员间贸易的发展情况	与所有自贸伙伴的贸易额÷中国贸易总额
	贸易潜力方面	拟建立（正在谈判和正在研究）自贸区数量	反映自贸区建设的发展后劲、后备力量	根据中国自由贸易区服务网公布的资料直接统计

2. 整体层面的推导

通过梳理关税同盟理论、自贸区理论、共同市场理论等区域经济一体化理论并综合相关研究，本书认为贸易高质量发展的"自贸区驱动"内生动力可通过资源配置机制、创新诱发机制、直接投资机制、技术溢出机制体现（见图 2-5），定性推理如下。

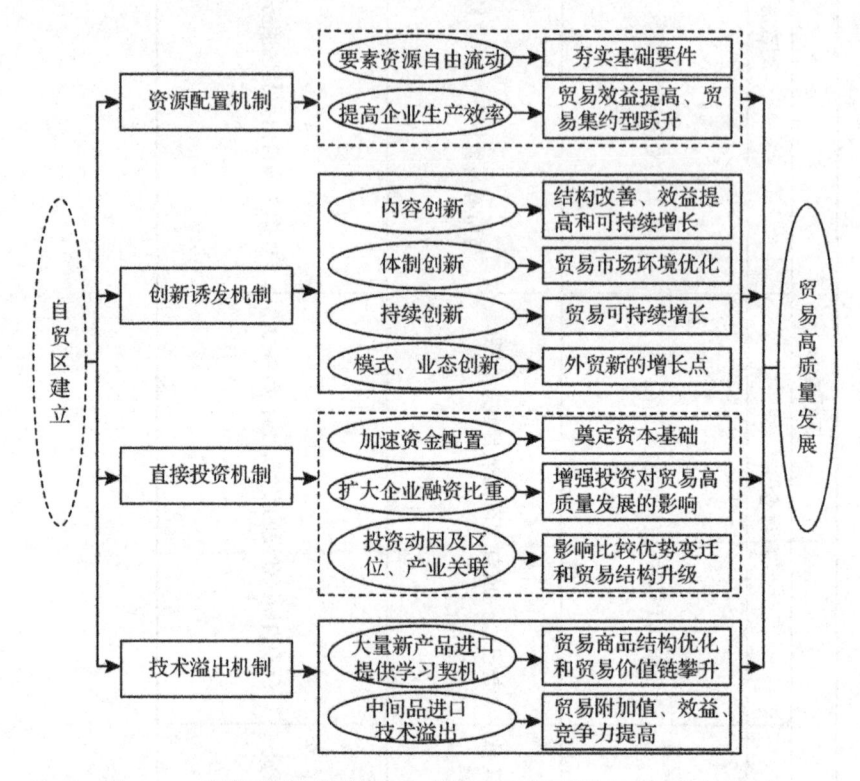

图 2-5　贸易高质量发展的"自贸区驱动"内生动力机制

（1）资源配置机制。一是通过执行自贸协定中的货物贸易、服务贸易、海关程序、自然人移动、投资、电子商务等条款规定，自贸区内能够基本实现多层次、宽领域、全方位的市场开放，带来的自由化和便利化水平提高将使得资源高效流动和配置，进而产生显著的资源优化效应，从而夯实贸易高质量发展所需要的基础（改善了贸易市场环境）。二是在自贸区大市场内，企业可以充分发挥自己的比较优势和禀赋优势，整合资源安排生产，有助于提高资源利用效率和劳动生产率（陈芳和张书勤，2020），实现贸易效益提高、贸易增长方式向集约型跃升（保障贸易可持续增长）等。

（2）创新诱发机制。创新是贸易高质量发展的不竭动力（吴伟华，2019），"自贸区驱动"可以引致贸易多维创新发展。

1）内容创新：自贸区本身就存在"创新基因"，中国签订的自贸协定的内容，实现了从传统的货物贸易到服务贸易，再到经济领域的投资、政府采购，甚至非经贸领域的知识产权保护、标准化、环境保护、劳工权益等议题的覆盖，这对于优化贸易结构、提高贸易效益、改善贸易环境、实现贸易可持续增长大有裨益。

2）体制创新：为适应新一轮国际经贸规则，自贸区在市场准入、检验检疫、海关监管等方面进行体制改革和创新，驱动区内便利化和自由化水平提高，不断优化贸易市场环境。

3）持续创新：自贸区能够通过发挥自由市场"看不见的手"的调节作用，减少政府行政干预，更好地实现市场定价、提升企业创新活力、诱发持续创新，进而引致贸易的可持续增长。

4）模式和业态创新：自贸协定中的电子商务、经济技术合作等条款，将驱动跨境电子商务、数字贸易，以及市场采购贸易等新模式、新业态更好地发展（贸易方式结构得到优化，同时也直接提高了贸易便利化程度、间接减少对实物的使用，利好于改善贸易市场和生态环境），进而成为中国贸易新的增长点（实现贸易效益提高）。自贸区通过这一系列创新引领中国贸易质量、动力、效率的多重变革，成为贸易高质量发展的强大驱动力。

（3）直接投资机制。

1）更好地实现投资等的自由化、便利化是建立自贸区的重要目标之一，而自贸协定中关于投资的专门条款具有法律层面的强制约束力，能为投资流动打破壁垒、提供实际保障、提振投资者信心（改善贸易市场环境），加速资金在自贸区大市场内的次区域、跨区域、广域配置（Yao and Whalley，2016），这能为中国贸易高质量发展奠定坚实的资本基础，是推动贸易实现可持续增长的重要保障。2020年，中国一举超越美国成为全世界最大的FDI接受国，来自自贸区伙伴的FDI功不可没，而且随着2020年11月RCEP的签署，中国作为重要成员，必将进一步享受到自贸区FDI红利对贸易高质量发展的驱动。

2）自贸区带来的直接投资能够驱动项目直接投资，使金融领域的资金更加顺畅地流入实体经济，提高企业融资比重，进而扩大投资对贸易高质量发展的影响（陈一鼎等，2015；魏蓉蓉和李天德，2020），保障贸易高质量发展的资金需求，更好地推动贸易实现可持续增长。

3）自贸区引致高效流动的对外直接投资，其可以通过投资的动因和区位选择、产业关联等，影响比较优势的动态变迁（提升贸易竞争力引致贸易实力增强）和贸易结构的转型升级（赵春明和陈开军，2020）。

（4）技术溢出机制。

1）自贸区带来的贸易自由化和便利化，可以削弱可变成本和不变成本对企业贸易的消极制约，降低出口价格，增加消费者剩余，增强消费者对多样化产品的进口购买力（Hoekman and Shepherd，2015；刘晨阳和段文奇，2019）。新产品的大量进口诱发技术溢出效应，提升贸易企业产品的质量和技术含量（许和连等，2017），驱动贸易商品结构优化和贸易价值链向上攀升，可引致贸易话语权增强。

2）自贸区有助于中间品贸易的规模和种类扩大（Bas and Strauss-Kahn，2015；王明涛和谢建国，2019），而中间品贸易是全球价值链的重要纽带，丰富的中间投入品进口可以在制造业生产过程中带来技术溢出，提高企业的技术水平，有助于增加贸易产品附加值（魏悦羚和张洪胜，2019），实现贸易效益提高、贸易竞争力提升等。

3. 横向层面的推导

本部分将对贸易高质量发展评价体系的五个一级指标，分别进行"自贸区驱动"逻辑机理的逐一演绎。

（1）贸易结构优化的"自贸区驱动"。

1）中国签订的自贸协定条款中对货物贸易、服务贸易、投资等的自由化和便利化都有单独章节具体规定，如多边自贸区RCEP协定文本中的第二、八、十、十二章标题，分别就是货物贸易、服务贸易、投资、电子商务，双边自贸区中国—韩国自贸协定文本中明确有"第八章服务贸易""第十二章投资""第十三章电子商务"的专题内容，表明这些内容属于自贸区重要议题，而自贸协定具有法律层面的约束力，按照协定内容严格开放各成员市场势必会对中国贸易产业结构和贸易方式有直接的优化驱动。

2）自贸区建立有利于进口与出口协调发展，如中国—新西兰自贸区建立对中国产生了显著的进口创造效应和出口创造效应，而且进口创造效应高于出口创造效应（赵金龙等，2019），这利好于贸易进出口结构的优化。

3）有利于形成更趋合理的国际市场布局，中国通过自贸区（如中国—格鲁吉亚自贸区、中国—毛里求斯自贸区、中国—马尔代夫自贸区、中国—智利自贸区等）积极与共建"一带一路"经济体、非传统重要贸易对象进行贸易，开拓了大批新市场，优化了贸易区域结构。

4）自贸区建立会强化自贸区成员间的生产分工合作，引致错位化、差异化生产，进口有比较劣势、禀赋劣势的产品，出口有比较优势、禀赋优势的产品。同时，同类产品差异化、规模化生产也会引致产业内贸易扩大，这些都有助于贸易商品结构优化。

（2）贸易效益提高的"自贸区驱动"。

1）更加自由、便捷、广阔的自贸区大市场既能带来外部规模效应，如全球规模最大的自贸协定RCEP的签署，为中国经济贸易发展提供了足够大的经济市场容量、贸易市场规模。而规模经济降低单位生产成本，刺激外贸企业出口、吸引投资，拉动GDP增长。

2）自贸区大市场也可以直接降低原材料、中间品的交易成本、进口价格，改善贸易条件。同时，也有利于加速企业产品流转、提升企业凝聚力，进而整体降低外贸企业进出口贸易成本，为提高贸易增值率奠定了基础。

3）通过达成、升级或展开第二阶段自贸区谈判，中国不断加强与自贸区伙伴的经济合作。根据商务部统计的数据，2012—2020年，与自贸区伙伴的贸易占中国外贸的比重从12.3%提升到约35%，2020年全年中国84%的FDI来源地均是自贸区伙伴，这有力提振了中国GDP的增长。

（3）贸易实力增强的"自贸区驱动"。

1）提升竞争力：①自贸区达成可以直接降低成员间贸易交往的关税和非关税成本，如在RCEP自贸区大市场内，货物零关税产品税目比例整体超过90%，贸易便利化水平也较高，这必然会激发企业参与外贸的热情和积极性，有助于扩大对外贸易规模。②自贸区开放本国市场会引致竞争加剧，而自贸协定中的投资、竞争政策、经济技术合作、知识产权、政府采购等条款会保障自贸区大市场内部竞争的公平有序，这会激发或倒逼企业主动或被动进行技术创新和升级，以提高企业生产效率。而自贸区成员间根据比较优势、禀赋优势，促使要素、资源向有贸易竞争力的一方聚集，进行更加专业化的生产，也会进一步提高生产效率，这都会提升外贸企业的国际竞争力。

2）提高国际话语权：①截至2021年8月，中国已与26个经济体共达成19个自贸区，其中RCEP还是全球规模最大的自贸区。随着自贸区达成数量不断增多、自贸区市场容量不断扩大，以中国为轴心产生的"轮轴—辐条"效应逐渐显现，这必然有利于在国际规则制定中发出更多的中国声音、注入更多的中国元素及贡献更多的中国倡议和方案。②通过建立高标准、宽领域、深层次的自贸区（如RCEP、中国—新西兰自贸区升级版、中国与韩国正积极推进的自贸区第二阶段谈判等），实现管理体制、贸易规则等制度性变革，有助于中国积累应对和发展经验，在新一轮国际经贸规则调整重构中运筹帷幄，占据主动（如中国提出的"一带一路"倡议，主导建立的丝路基金、金砖国家新开发银行、亚洲基础设施投资银行等），提高在国际经贸规则制定中的主导权和话语权。

（4）贸易环境改善的"自贸区驱动"。

1）在市场环境方面，自贸区建立的宗旨就是提高自贸区内的自由化、便利化程度，因而中国势必会提高国内营商环境的制度化、市场化、国际化水平，减少政府干预、健全管理制度（如中国在上海自贸试验区等21个自贸试验区实行的"负面清单"制度、准入后监管制度等），打造更开放、透明、便利的市场环境，市场环境的优化会直接提升外商投资者的信心（如2020年中国成为全球第一大FDI流入国，而84%的FDI来源地均是自贸区伙伴），巩固贸易高质量发展的经济基础。

2）在生态环境方面，自贸协定专门订立的环境与贸易条款（如《中国—格鲁吉亚自由贸易协定》文本第九章的"环境与贸易"条款）在贸易影响生态环境方面有较严格的约束，自贸区鼓励绿色进出口贸易，对高污染、高耗能产品输出和流入进行严格约束，这势必会驱动贸易与生态的协调发展。

（5）贸易可持续增长的"自贸区驱动"。

1）内生动力：受自贸协定条款的约束，自贸区大市场内的竞争将更加有序、创新活力更强、环境与贸易更协调发展等，会不断释放贸易发展的新动能，激发贸易增长的活力、潜力和耐力（如RCEP、中国—韩国自贸协定、中国—澳大利亚自贸协定中对保护知识产权、促进电子商务运用和发展、环境与贸易等的单独规定），驱动贸易可持续增长。

2）外部保障：自贸协定中订立的争端解决、例外等条款从制度上有助于各成员友好解决争议、消除发展阻碍，保障并驱动贸易可持续增长。

3）中国通过严格履行自贸区开放的承诺，高水平、高质量、高规格建成的自贸区，在不断扩大数量基数的同时适时开展已达成自贸区的升级谈判或第二阶段谈判，并且在"一带一路"倡议的加持下，不断加快实施自贸区战略，形成了良好的示范效应，正在谈判和正在研究的拟建设自贸区数量稳步增多，自贸区达成基础厚实、潜力较大。

综上所述，"自贸区驱动"存在能够分别驱动贸易结构优化、贸易效益提高、贸易实力增强、贸易环境改善、贸易可持续增长的机理逻辑。

4. 纵向层面的推导

主要是从宏观、中观、微观视域分别演绎自贸区驱动中国省域、产业、企业三个梯度的贸易高质量发展的逻辑机理。

（1）宏观省域层面。为了能够充分享受到中国大力实施自贸区战略带来的"自贸区红利"，中国各个省份都积极响应和宣传，将对接和融入自贸区区块链列入本省未来的发展规划中，并采取实际行动认真组织本省部门、行业、企业学习相关自由化和便利化政策，如山东省政府印发 RCEP 先期行动计划，要求实行 RCEP "6 小时通关"等。江西、陕西两省的商务厅均要求本省各商事部门和企业参加、开展 RCEP 学习培训等，力求利用自贸区平台，发挥自身比较优势并利用好省域间的差异化、错位化，推动本省贸易结构优化、贸易收益提高等，并积极通过高质量进口补齐短板，反哺出口。

例如山东省依靠地缘、交通优势，充分利用中国—韩国自贸区的优惠政策，促进本省贸易高质量发展。2019 年上半年，山东省共为 12.4 万批、货值 40.7 亿美元的货物签发了出口到韩国的原产地证书，同比分别增长 25.6% 和 7.3%，对韩贸易规模持续扩大，有力拉动山东 GDP 增长。省内企业还巧妙借助中国—韩国自贸协定应对中美贸易摩擦，如利用协定优惠关税将原料出口韩国，在韩国完成加工并实质性改变原产地后出口美国，既规避了美方歧视性关税，又享受美国—韩国自贸协定的优惠关税，贸易竞争力和贸易效益都得到提高。而中国—韩国自贸协定下八类主要出口产品中，仅塑料制品和车辆零件的出口增速超过全省对韩出口的整体增速（赵广英等，2020），这表明中国—韩国自贸区引致山东贸易的商品结构越来越优化。而中国—韩国自贸协定第二阶段谈判的推进，势必会为山东贸易可持续发展提供持续动能，激发出新的贸易潜力。

（2）中观产业层面。自贸区有助于促进成员间的国际产业协同、产能合作、生产分工，有利于在自贸区大市场内更好地利用各自的产业比较优势、行业禀赋资源，以形成合作共赢和有序竞争的产业链、供给链、需求链、物流链，不仅能够通过贸易创造和贸易转移效应扩大贸易规模，亦对贸易结构优化、贸易效益提高等有正向驱动作用。以2006年达成的中国—巴基斯坦自贸区为例，根据中国自由贸易区服务网和中国商务部公布的资料，2020年中国是巴基斯坦的第二大出口目的地和第一大进口来源国，双边贸易额从2005年的22亿美元增加到2020年的175亿美元，产业间和产业内贸易规模稳步扩大。中国对巴基斯坦出口的商品日趋多样，贸易商品结构不断优化，其中附加值较高的机电产品所占比重逐年增加，产业贸易效益不断提高。2019年中国—巴基斯坦自贸协定第二阶段议定书正式生效，进一步改善了贸易环境，激励中国弱势、幼小产业发展壮大，不断提高生产率以提升产业贸易竞争力，而具有强制约束力的自贸协定不断推动中巴双方产业链融合，进一步促进了产业贸易的可持续发展。

（3）微观企业层面。整体来看，自贸区通过市场开放引致竞争加剧，会激发企业通过提升品牌、开拓新市场、技术创新、加大投资等方式降低生产成本、淘汰劣势产品，提升贸易竞争力。具体来看，企业通过自贸区"引进来"扩大高品质中间品的进口，加强其与本国产品、工艺、技术、劳动力等资源要素的耦合关联，从而产生"1+1＞2"的倍增贸易效果；通过"走出去"扩大最终品的出口规模，既会促进中国企业出口质量不断提高，又会倒逼企业增加产品附加值，实现向贸易价值链的高端攀升。依托自贸协定，尤其是有关原产地规则的优惠规定，中国外贸企业贸易实现了高质量发展。如受新冠疫情、中美贸易摩擦等冲击影响，欧美市场外需下降明显，但凭借中国—巴基斯坦自贸协定，宁夏嘉峰化工有限公司成功开发了巴基斯坦新客户，优化了企业贸易区域结构，在向巴基斯坦出口双氰胺的同时，还享受到关税减免，提高了企业贸易效益。而利用中国—东盟自贸协定原产地证书，河北省华升富士达电梯有限公司产品出口量逐年增长，产品进入东盟市场不仅享受关税减免，通关便捷程度也得到显著提高，企业贸易效益不断提高，贸易市场环境得到改善。而义乌的小商品生产企业积极借助"一带一路"沿线的中国—东盟、中国—韩国、中国—巴基斯坦等自贸协定促进外贸发展，实现了贸易规模扩大，也激励义乌市中小企业不断提高生产制造水平，以抢占更多市场份额，既增强了贸易实力，也拉动了义乌市GDP增长。而受到各自贸协定有关环境条款的约束，企业进出口贸易必须符合相关环保要求，这有助于改善双边贸易生态环境。

因此，"自贸区驱动"能够在宏观、中观、微观视域下驱动省域、产业、企业三个梯度的贸易高质量发展，进而最终驱动整体层面的贸易高质量发展。

（三）制约"自贸区驱动"效果的调节因素

将内部结构因素和外部环境因素视为调节变量，发现贸易高质量发展的"自贸区驱动"效果主要受到以下调节变量的影响。

1. 内部结构因素

（1）在符合自贸区各个成员的发展实际和保护例外的前提下，共建自贸区的开放程度越高，即条款覆盖内容越全面、零关税产品税目比例越高、非关税壁垒削减幅度越大、通关手续越简捷，越有助于区域经济一体化大市场的形成、畅通和完善，从前述对整体层面的逻辑推导来看，这越能充分促进要素流通和资源有效配置，进而发挥资源配置机制的作用。而关于投资条款的专门设置既会打破投资壁垒，促进FDI的双向流动，也会保障投资的稳定性和连续性，诱发直接投资机制发挥作用。由此可见自贸区开放程度与"自贸区驱动"效果耦合正相关。

（2）中国自贸区伙伴的综合市场规模相对较大，会为中国经贸发展提供更广阔的消费市场、资本市场、劳动力市场，双方或多方强强联合带来的技术转移和外溢、创新效应越显著，越容易产生叠加扩大效果。从前述对整体层面的逻辑推导来看，就是自贸区通过技术溢出机制和创新诱发机制影响"自贸区驱动"的效果。

（3）中国与自贸区伙伴之间经济互补程度越强，越容易发挥比较优势和禀赋优势，进而形成错位化、差异化的生产分工体系。从前述对横向层面的逻辑推导来看，这必然会优化各成员的贸易结构，产生更好的贸易效益，实现的"双赢""多赢"局面会进一步激发各成员完善、升级自贸区的积极性，助推自贸区大市场贸易的可持续增长。

2. 外部环境因素

（1）如果中国自贸区伙伴的区域经济一体化水平很高，即与其他经济体建立了很多自贸区，那么基于对"轮轴—辐条"效应的分析，该自贸区伙伴的区域甚至全球轴心地位会越重要，进而对中国产生的贸易转移效应也越显著。基于前述横向层面的逻辑推导来看，这些自贸区伙伴势必会缩减与中国的贸易规模，整体削弱中国所能享受到的自贸区红利，制约中国贸易实力提升。同时由于区域经济一体化发展程度高，该自贸区伙伴对新一轮国际经贸规则，特别是非经贸规则的主张和要求可能会更高，但是有些议题不适合中国现实国情，将不利于已达成自贸区的稳定和升级，最终对其与中国贸易的可持续发展产生消极影响。

（2）全球宏观经济形势越低迷，一方面，更容易诱发逆全球化、反自由化、贸易保护、单边主义、霸权主义势力抬头，越不利于中国自贸区的新建和升级版、第二阶段自贸区的谈判，甚至发生自贸区退出、"退群"现象（如美国退出 TPP 谈判、印度放弃签署 RCEP 协定、英国"脱欧"等），基于前述横向层面的逻辑推导来看，这会恶化贸易市场环境，缩减中国已签协定、正在谈判或者正在研究自贸区的数量和规模，影响中国外贸的国际轴心地位和贸易话语权，最终削弱中国贸易实力。另一方面，世界经济复苏缓慢也会导致自贸区伙伴的消费不振、购买力下降和外需不足，不利于中国贸易的规模扩大、效益提高和可持续增长，这势必给中国贸易高质量发展蒙上阴影。

据此定性推断：在符合自贸区各个成员的发展实际和保护例外等前提下，共建的自贸区开放程度越高、自贸区伙伴的综合市场规模相对越大、与自贸区伙伴的贸易互补程度越高，越有利于提升中国贸易高质量发展的"自贸区驱动"效果。而自贸区伙伴的区域经济一体化水平越高，尽管可能会提升中国自贸区建设水平，产生有利的溢出影响，但考虑到自贸区伙伴的轴心地位更突出、对非经贸议题的要求更高等情况，会引致更大消极影响，进而将总体削弱中国贸易高质量发展的"自贸区驱动"效果。此外，全球宏观经济形势越低迷，将会对中国贸易高质量发展的"自贸区驱动"效果产生消极影响。

（四）总结与启示

1. 主要结论

通过对自贸区驱动贸易高质量发展逻辑机理的全面、深入推导，主要结论归纳如下：

（1）基于对"贸易高质量发展离不开高水平开放""进一步扩大开放是推进贸易高质量发展的持久动力"等观点的思考，我们选择自贸区作为政策冲击变量，并进行了系统逻辑推导，丰富了贸易高质量发展的考察视域。

（2）从贸易结构优化、贸易效益提高、贸易实力增强、贸易环境改善、贸易可持续增长五维层面全新设计了贸易高质量发展评价体系，并辨明这五维层面分别是贸易高质量发展的基础、动力、关键、保障、目标的定位和逻辑关系。

（3）从整体、横向和纵向三大层面系统推导了自贸区驱动贸易高质量发展的作用机理。其中，从整体层面剖析发现，自贸区驱动贸易高质量发展的源生动力包括资源配置、创新诱发、直接投资和技术溢出四大机制，自贸区通过各个机制引致上述五维评价层面向好发展，最终实现贸易的高质量发展。从横向层面对自贸区能够驱动分别隶属于贸易结构、贸易效益、贸易实力、贸易环境、贸易可持续发展的各二级指标进行了作用机理演绎。从纵向的宏观、中观、微观梯度，对自贸区驱动省域、产业、企业如何实现贸易的结构优化、效益提高、实力增强、环境改善、可持续增长进行了机理与实例相结合的演绎。

（4）从内部结构和外部环境双维层面剖析得到制约"自贸区驱动"效果的调节因素主要有：自贸区开放水平、自贸区伙伴的综合实力、与自贸区伙伴的经济互补程度、自贸区伙伴的区域经济一体化水平、全球宏观经济形势。

2. 主要启示

要充分发挥自贸区在推进贸易高质量发展中的应有作用，必须重视优化"自贸区驱动"效果的措施。在总结美国、欧盟、日本、东盟等全球主要贸易强国或自贸区"轴心"的发展经验，以及本研究成果基础上，得到以下施策启示。

第一，从基础维度，要横向和纵向并举推进自贸区建立，夯实提升"自贸区驱动"效果和质量的基础。其中，横向层面要建立足够多的以中国为"轴心"的自贸区，扩大数量基础，这就需要加快推进正在谈判和正在论证的自贸区建设；纵向层面要建立适合当前各参与伙伴实际国情的自贸区，大力推进升级版或第二阶段自贸区谈判，夯实质量基础。

第二，从内在维度，要顺应新一代国际经贸规则越来越重视非经贸议题谈判的趋势，改革自贸区谈判议题内容，积极探索、检验新一代国际经贸规则在中国的适用性，尤其要提升非经贸规则的运用效果。加强对非经贸规则在国内的探索试验和经验复制推广，及时动态调整中国经贸政策，以更好地驱动贸易高质量发展。

第三，从外延维度，要深度参与世界经济治理体系变革，并且敢于以积极、自信的姿态主导、引领新一代国际经贸规则的谈判，打造"轮轴—辐条"形态的自贸区轴心地位。在全球区域经济一体化发展进程中发出中国声音、体现中国元素、贡献中国力量，增强全球各经济体参与区域经济一体化、支持贸易自由开放，实现"抱团取暖"的信心和决心。

第四，异质性维度，根据中国自由贸易区服务网公布的资料，截至 2024 年 8 月 6 日，中国已经达成自贸区 22 个，涉及 22 个国家和地区，正在谈判的自贸区有 10 个，正在研究的自贸区有 8 个。这些自贸区的伙伴成员在经济规模、开放程度、资源禀赋、地理距离、政治互信、区域经济一体化水平、全球话语权等各方面异质性较大，因而要考虑不同个体和不同类型的"自贸区驱动"效果的差异，总结归纳不同自贸区的异同点，依据自贸区的异质性错位，发挥自贸区驱动贸易高质量发展的比较优势。

第五，自贸区伙伴选择维度，既要依托国家外向型发展战略，如构建人类命运共同体、"一带一路"倡议、自贸试验区（FTZ）、自由贸易港等布局自贸区网络，还要根据国家产业经济发展的动能需求，设定自贸区伙伴选择的主次、优先顺序。同时也要积极向居于"轴心"地位的自贸区伙伴学习区域经济一体化发展经验，以削弱贸易转移等的消极影响。

第三章 自贸试验区驱动经济增长的短期效应

——基于对第三批自贸试验区的反事实分析

一、引言及文献述评

经济基础决定上层建筑，如何构建稳固的经济基石、有效驱动经济增长一直是全球各经济体孜孜以求的恒久问题。放眼国际，全球经贸复苏步履蹒跚，疲软态势增强，由此直接或间接引致的地缘政治紧张、贸易摩擦升级、经济"逆全球化"事件频频发生，同时新一代国际经贸规则构建和全球价值链重塑也带来新的挑战和冲击。回看国内，新常态下的中国经济增速不断放缓，2012年、2015年GDP增长率先后跌破8%、7%，2023年又跌破5.5%，降到5.25%，经济增长下行压力逐年增大。中国外贸发展在经历震荡下滑后近两年虽开始企稳复苏，但面临的外部挑战依然巨大。

为应对日趋复杂的国内外经贸环境，中国顶层布局改革开放"版图"，全方位立体式构建开放型经济，代表性举措和重要支撑就是持续推进自由贸易试验区（以下简称自贸试验区）建设。2013年中国大陆地区首个自贸试验区——上海自贸试验区的设立拉开了中国向更高层次开放迈进的帷幕，自贸试验区代表了大陆地区海关特殊监管区域的最高开放水准，是探索、适应、对接更为开放的新一代国际经贸规则和标准的积极尝试。至于"自贸试验区驱动"的经济效果如何，学者们进行了积极讨论，但结论莫衷一是。学者们首先展开定性推理分析，陈琪和刘卫（2014）基于对建设动因的分析，提出上海自贸试区将通过集聚效应、辐射效应拉动自身及周边区域经济发展的观点。滕永乐和沈坤荣（2014）认为上海自贸试验区成立后在长三角地区引致的短期经济效应主要是负面的外溢效应，但长期经济效应将是正面的联动效应占主导。沈玉良和彭羽（2017）指出沿线各自贸试验区的制度创新会深度影响和推动长江经济带开放型经济发展。而目前实证分析越来越多，学者们首先观察到自贸试验区影响经济增长的积极方面。谭娜等（2015）基于上海月度数据的反事实研究发现，自贸试验区对工业增加值、贸易总额有显著正效应，分别提升了 2.69 个和 6.73 个百分点。张军等（2018）、黄启才（2018）、应望江和范波文（2018）的研究均支持该观点，其中张军等（2018）采用双重差分法的实证结果表明自贸试验区对内陆型自贸区经济增长的驱动力度更大，黄启才（2018）利用合成控制法的研究强调福建自贸试验区正向经济溢出的稳定性和持续性特征，应望江和范波文（2018）的定量评估结果指出沪津闽粤四大自贸试验区都显著驱动了实施地的经济增长。

也有学者观察到自贸试验区对经济增长影响不显著，甚至有消极影响，提出了不同的观点。叶修群（2018）针对沪津闽粤四个贸试验区的准自然实验结果表明，自贸试验区促进经济增长的滞后性明显，且津闽两个自贸试验区对经济增长的驱动不显著，存在不同地区、不同驱动方向的异质性。刘秉镰和吕程（2018）运用合成控制法，从进出口、工业增加值、固定资产投资角度对沪津闽粤四个自贸试验区影响经济的拟合研究发现，天津自贸试验区设立后进出口总额出现下降趋势，沪闽粤三个自贸试验区均对净出口额有显著负向作用，上海自贸试验区对工业增加值无显著影响，而沪津闽三个自贸试验区对固定资产投资无显著影响。同样以沪津闽粤四个自贸试验区为研究对象，陈红蕾和胡鑫（2019）的双重差分结果显示自贸试验区对进出口贸易的影响不显著。

综上所述，关于自贸试验区经济增长效应的相关文献，从研究对象来看，主要是上海自贸试验区及第二批设立的津闽粤三大自贸试验区，而以第三批及海南自贸试验区为研究对象的文献相对不足，同时少有的针对第三批自贸试验区的研究也是对单一自贸试验区的个体研究。从研究范式和方法来看，先是定性阐述和推理分析，后以定量分析为主，实证方法有双重差分法、反事实分析法、准自然实验法、合成控制法等。从研究结论和观点来看，多数学者对自贸试验区促进经济增长的正向驱动作用持肯定和支持态度，少数学者也指出了自贸试验区的不显著影响，甚至消极制约影响，观点并不完全一致。目前学界缺少对第三批自贸试验区经济增长效应的实证研究，尤其是鲜有全局性的集合研究，本研究拟做出相应边际贡献。

二、研究对象概述

中国自贸试验区建设目前已经驶入新航程，不断扩围扩容。从2013年9月上海自贸试验区设立至今，历经2014年12月上海自贸试验区地域扩围，2015年4月第二批津闽粤三大自贸试验区设立，2017年4月第三批共七个自贸试验区数量扩容，2018年10月覆盖海南岛全岛的海南自贸试验区设立，形成"1+3+7+1"的雁阵引领格局。在2019年6月的G20大阪峰会上，又宣布要新设六个自贸试验区、增设上海自贸试验区新片区等。中国在自贸试验区领域动作频频、持续快速推进，其中第三批自贸试验区的特色鲜明、作用显著，尤为亮眼。

第三批共七大自贸试验区的特点和作用主要包括：①一次性成立数量最多、覆盖区域最广。第三批一次性设立了七大自贸试验区，分布在辽宁、河南、陕西、浙江、湖北、重庆、四川七个省（直辖市），首次在中部、西南、西北和东北地区设立自贸试验区，形成东中西协调、陆海统筹的格局。②经济情况更复杂，多样性特征显著。不同于第一批和第二批自贸试验区都处于东部沿海发达地区，第三批自贸试验区的选址既有经济发达的浙江，也有经济欠发达的陕西、四川等，经济发展水平差距大；既有沿海的辽宁、浙江，沿江的湖北、重庆，也有地处内陆的陕西，发展先决条件不同。③全国自贸试验区布局由线成网的关键。上海自贸试验区是自贸试验区规划版图中的"点",第二批三大自贸试验区将"点"连成了"线",第三批七大自贸试验区进一步将"线"连成了"网",首次显现网络格局,是自贸试验区发展过程中承上启下的枢纽环节。④目标定位不同,个性化明显。七大自贸试验区分属不同的区域经济板块,同时都是所在区域的经济大省,不同地理位置和较强经济地位决定了其具有不同的目标定位,分别对接"一带一路"、长江经济带、"中部崛起""东北振兴"、西部大开发等一系列国家重大发展战略,肩负中西部与东部协调发展的重任。

三、模型设定与数据分析

(一) 数理模型基础

1. 基本原理

将设立自贸试验区看成一项政策自然试验,借鉴 Hsiao 等(2012)提出的反事实方法,通过模拟评估,得到与政策实际执行情况相反的反事实绩效,反事实绩效和实际绩效的差距即反映自贸试验区的实施效果。基于反事实方法的观点认为面板数据中受到政策直接干预的个体和未受到政策直接干预的个体之间,若受到某些共同因子的驱动,就可以利用后者中某些个体信息模拟前者在假设不受政策干预状态下的反事实结果。由于中国各省份的经济增长具有较强关联性、协同性,可以认为是受到了国内外经济环境中共同因子的驱动,因此可以通过合成控制组的构建得到自贸试验区这一政策干预的反事实情况。

令 y_{it}($i=8,9,\cdots,I; t=1,2,\cdots,T$)代表不包括第三批七个自贸试验区所在省份的其他省份 i 在 t 时期的经济增长率,y_{it}^0 代表省份 i 在 t 时期未设立自贸试验区的经济增长率,y_{it}^1 表示省份 i 在 t 时期设立自贸试验区后的经济增长率,则政策效果 $\Delta_{it} = y_{it}^1 - y_{it}^0$。

假定 y_{jt}($j=1,2,\cdots, 7; t=1,2,\cdots,T$)是第三批七个自贸试验区所在的某一省份 j 在 t 期的经济增长率,T_1+1 代表自贸试验区设立的时点,当 $t \in \{1,2,\cdots,T_1\}$,$y_{jt}=y_{jt}^0$;$t \in \{T_1+1,\cdots,T\}$,$y_{jt}=y_{jt}^1$。由于 $t \in \{T_1+1,\cdots,T\}$ 时 y_{jt}^0

实际值不存在，需要通过合成控制得到其反事实值 $\hat{y}_{jt}^0$，此时政策效果 $\hat{\Delta}_{jt} = y_{jt}^1 - \hat{y}_{jt}^0$（$t=T_1+1,\cdots,T$），可以证明 $\hat{\Delta}_{jt}$ 是 Δ_{jt} 的一致估计量。未设立自贸试验区的其他省份仍存在 $y_{it} = y_{it}^0$（$t=8,9,\cdots,I$；$t=1,2,\cdots,T$）。变量 y_{jt}^0、y_{it}^1 和 y_{it}^0 均可通过搜集数据整理得到实际值，$\hat{y}_{jt}^0$（$t\in\{T_1+1;\cdots,T\}$）未知，因此 $\hat{\Delta}_{jt}$ 取决于 $\hat{y}_{jt}^0$（$t\in\{T_1+1;\cdots,T\}$）的取值。

由于中国各省份经济增长都受到某些共同驱动因子的影响，因此可构建如下因子模型：

$$y_{it}=b_if_t+\alpha_i+\varepsilon_{it} \quad (i=1,2,\cdots,I;\ t=1,2,\cdots,T) \quad (3-1)$$

b_i 是 $1\times K$ 维系数向量，f_t 是 $K\times 1$ 维共同因子向量，α_i 指地区 i 的个体效应，ε_{it} 是随机扰动项，且 ε_{it} 的期望值为零。根据公式（3-1），可以用未设立自贸试验区省份的经济增长率 y_{it}^0 替换 f_t 来拟合得到 $\hat{y}_{jt}^0$（$t=T_1+1,\cdots,T$；$j=1,2,\cdots,7$；$i=8,9,\cdots,I$）。但具体需要选用哪些未设立自贸试验区的省份就涉及如何筛选得到最优控制组的问题。

2. 筛选得到最优控制组

构建反事实的关键是要找到一组能够拟合假定未受政策干预情况的最优控制组，具体筛选步骤如下：首先从 n=1 开始，在 m 个未设立自贸试验区的省份中通过任选 n 个省份的方法得到 C_m^n 种组合，再由公式 $y_{jt}^0 = \delta + \beta y_{it}^0$（$\delta$ 和 β 均为待估参数，$t=1,2,\cdots,T_1$）对 C_m^n 种组合分别进行回归，根据 AIC 准则选出最优的控制组组合 M*。最后由 M* 在 $t\in\{T_1+1;\cdots,T\}$ 的时间段内进行拟合得到 $\hat{y}_{jt}^0$，进而得到政策效果 $\hat{\Delta}_{jt}$。

（二）数据来源及处理

考虑到第三批自贸试验区 2017 年 4 月 1 日才挂牌成立，不宜采用低频的年度数据进行考察，本研究采用季度数据，时间序列的区间设定为 2012 年第 1 季度（简写为 2012Q1，以下余同）至 2018 年第 3 季度（2018Q3）。T=27 期，T_1=21 期，T_2=T-T_1=6 期，T_1>T_2 满足进行反事实研究对时间段的比较要求。始于 2012 年主要是考虑到从该年度开始我国GDP年度增长开始减速，自进入21世纪后首次跌破8%，是我国经济增长进入新常态的重要标志；止于2018Q3是考虑到2018年10月国务院批复设立了海南自贸试验区，这会影响最优控制组的筛选，因此不考虑2018Q4及以后时间段。

采用地区GDP季度同比增长率作为衡量经济增长的指标，季度同比增长率无需进行季节调整，原始数据来源于国务院发展研究中心信息网（以下简称国研网）统计数据库。控制组由剔除已经设立自贸试验区的上海、天津、福建、广东、辽宁、河南、陕西、浙江、湖北、重庆、四川，以及实行不同经济制度的港、澳、台三地的其他20个省份组成，试验组由辽宁、河南、陕西、浙江、湖北、重庆、四川组成。

（三）描述性统计

辽宁在2012Q1—2017Q1期间指标呈现持续下降趋势，但在2017Q2以后止降回升，甚至在2017Q4出现250.23%的极大值。陕西在自贸试验区设立的2017Q2当期，指标数值有显著的提升，出现了该省份在整个考察时间段内的最大值（24.67%），但后期的指标数值高开低走，呈现W形趋势。其他五个省份指标数值的变动趋势在自贸试验区设立后的2017Q2—2018Q3区间内大体一致，表现出倒W形结构，同时在2017Q2—2017Q3有持续上升趋势，并且是承接和延续2016Q2以来的回升趋势。总体来看，自贸试验区设立后，七个省份的GDP季度同比增长指标表现不尽相同，无法判断出自贸试验区与实施地经济增长之间是否有显著的耦合关联。下面基于实证方法进行论述。

四、实证过程及结果分析

（一）选择最优控制组

采用前述选择最优控制组的办法，根据AIC准则筛选得到七个自贸试验区实施地最优控制组的构成如下：辽宁（北京、河北、内蒙古、黑龙江、安徽、湖南、海南、云南、西藏、甘肃、青海、宁夏、新疆）、河南（北京、河北、山西、吉林、黑龙江、安徽、江西、湖南、广西、海南、贵州、甘肃)、陕西(北京、河北、内蒙古、吉林、江苏、江西、山东、海南、贵州、西藏、青海、新疆)、浙江(北京、河北、山西、吉林、江苏、安徽、江西、山东、广西、贵州、甘肃、宁夏)、湖北(北京、河北、山西、内蒙古、吉林、黑龙江、安徽、江西、贵州、甘肃、青海、宁夏、新疆)、重庆(北京、河北、山西、内蒙古、安徽、江西、山东、贵州、云南、西藏、甘肃、青海、宁夏、新疆)、四川(北京、内蒙古、吉林、黑龙江、安徽、江西、湖南、贵州、西藏、甘肃、青海、宁夏、新疆)。各个拟合优度 R^2 均不低于0.90，属于高度拟合，表明各最优控制组的拟合效果良好。

(二) 个体驱动效应分析

根据最优控制组进行回归得到 2012Q1—2018Q3 期间试验组各省份的拟合值(反事实值)。设立自贸试验区之前的 2012Q1—2017Q1 期间实际值与拟合值之差反映最优控制组的拟合效果(见图 3-1 至图 3-7)，越小越好。设立自贸试验区后的 2017Q2—2018Q3 期间实际值与拟合值之差为驱动效应，驱动效应为正值，反映政策效果为正向驱动；反之则反。垂直虚线对应自贸试验区设立时点，虚线左侧、右侧分别为自贸试验区设立前、设立后的时间段。

1. 辽宁自贸试验区

根据图 3-1，2012Q1—2017Q1 期间，辽宁 GDP 季度同比增长率拟合值和实际值的趋势线基本重合，表明拟合效果较准确，可以进行反事实的拟合研究。比较 2017Q2—2018Q3 期间的趋势线情况，实际值总体上远大于拟合值，并且自贸试验区设立后引致的驱动效应均值为114.87，表明自贸试验区对辽宁 GDP 季均同比增长率的提升幅度达到114.87 个百分点。可见自贸试验区对辽宁经济增长有很强的正向驱动，经济增长的"自贸试验区驱动"效果极其显著。

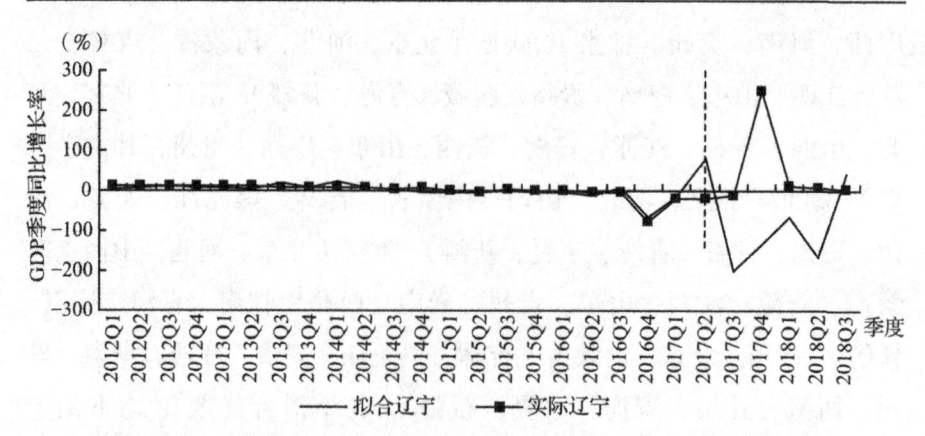

图 3-1 拟合辽宁和实际辽宁的 GDP 季度同比增长率趋势线

2. 河南自贸试验区

根据图 3-2，2012Q1—2017Q1 期间，河南 GDP 季度同比增长率拟合值和实际值的趋势线基本重合，一致性强，呈现较好的拟合效果。观察始于 2017Q2 后虚线右侧的情况，自贸试验区设立的首个季度拟合值（16.68%）大于实际值（12.87%），未显现出正向驱动的溢出效应，表明"自贸试验区驱动"存在时滞性，从 2017Q3 开始正向驱动初步显现，但后期并不稳定，直到 2018Q1 开始存在稳定的正向驱动，驱动效应分别为 0.98%、4.04%、9.59%，表现出的驱动力度和效果越来越显著。但在 2017Q2—2018Q3 期间的驱动效应均值为 1.54%，表明短期内"自贸试验区驱动"助推河南 GDP 季均同比增长率提升了 1.54 个百分点，驱动力偏弱。

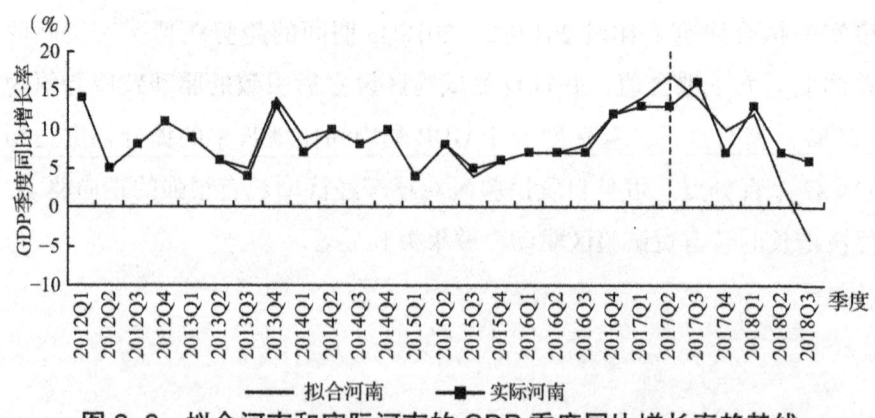

图 3-2 拟合河南和实际河南的 GDP 季度同比增长率趋势线

3. 陕西自贸试验区

根据图3-3可知，虚线左侧时间段内陕西GDP季度同比增长率拟合值和实际值重合度高、走势基本一致，拟合效果较好。虚线右侧的实际值总体显著高于拟合值，2017Q2—2018Q3期间的驱动效应均值达到8.76%，表明"自贸试验区驱动"显著驱动陕西GDP季均同比增长率提升了8.76个百分点。具体来看，自贸试验区设立的首个季度就对陕西经济增长产生较强正向驱动，驱动效应达到12.74%，"自贸试验区驱动"效果即时生效。之后也保持较强的驱动力度，但在2018Q2驱动效应出现负值，也说明"自贸试验区驱动"存在偶发的不确定性。

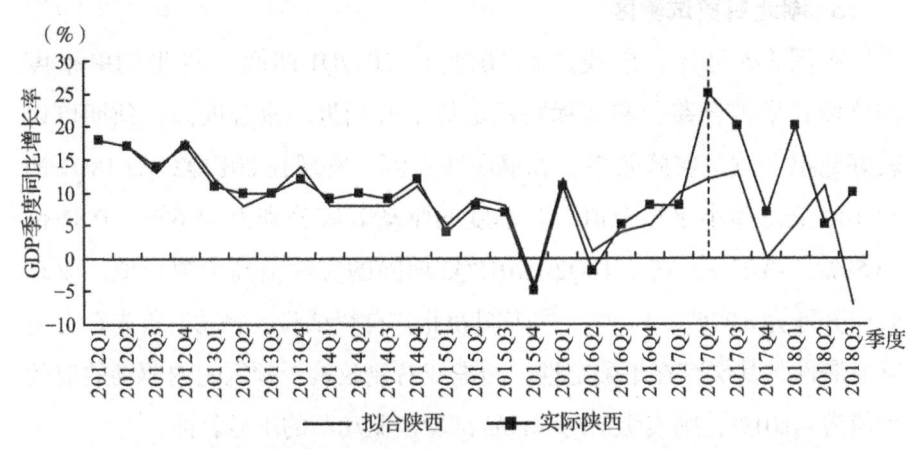

图3-3 拟合陕西和实际陕西的GDP季度同比增长率趋势线

4. 浙江自贸试验区

由图3-4可知，在2012Q1—2017Q1期间，浙江GPD季度同比增长率拟合值和实际值变化趋势大体一致，拟合效果较好。观察虚线右侧的路径差异可知，在2017Q2—2017Q4期间，"自贸试验区驱动"的经济溢出效应较显著，对浙江经济增长有较强的正向驱动，各季度的驱动效应分别为2.87%、9.64%、1.44%。但在2018Q1—2018Q3期间，各季度的驱动效应分别为-0.84%、0.78%、-5.41%，正向驱动不显著，甚至呈现负向驱动。2017Q2—2018Q3期间驱动效应的均值为1.41%，和河南自贸试验区情形类似，驱动力度和效果偏弱。

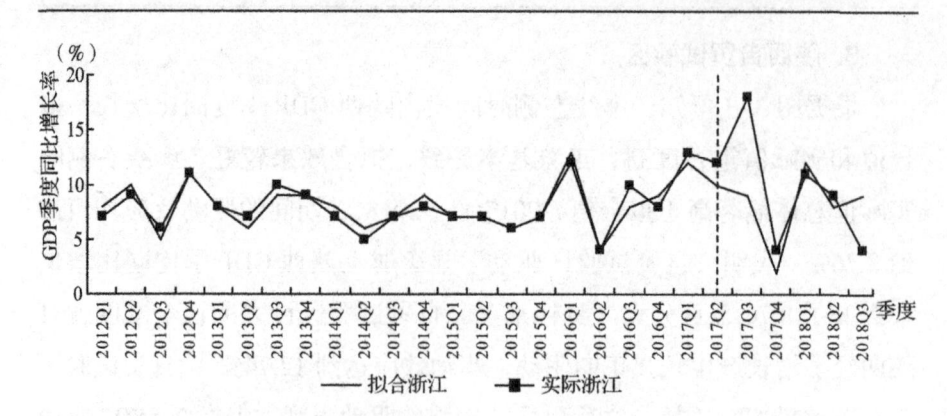

图 3-4　拟合浙江和实际浙江的 GDP 季度同比增长率趋势线

5. 湖北自贸试验区

从图 3-5 可知，虚线左侧 2012Q1—2017Q1 期间，湖北 GDP 季度同比增长率拟合路径和实际路径走势十分相近，重合度高，预期可以较好地拟合政策实施效果。观察虚线右侧，发现在 2017Q2—2018Q1 期间实际值总体小于拟合值，各季度的驱动效应分别为 -5.66%、0.87%、-3.59%、-3.22%，在 2018Q2—2018Q3 期间的实际值高于拟合值，驱动效应分别为 8.37%、3.17%，这表明湖北"自贸试验区驱动"首先存在显著时滞性，其次存在不确定性。而虚线右侧政策干预区间内驱动效应的均值为 -0.01%，则表明湖北"自贸试验区驱动"的不显著性。

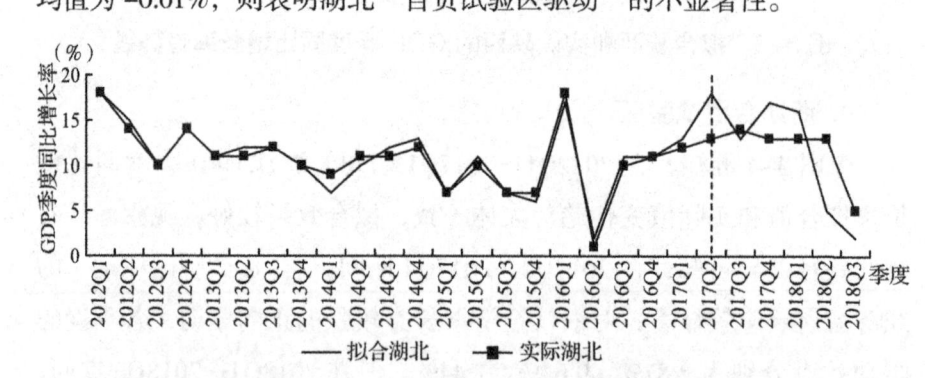

图 3-5　拟合湖北和实际湖北的 GDP 季度同比增长率趋势线

6. 重庆自贸试验区

从图 3-6 可发现，虚线左侧政策干预前的重庆 GDP 季度同比增长率拟合值和实际值趋势线大体一致，拟合效果良好。2017Q2—2018Q3期间，实际路径和拟合路径交替变化，引致驱动效应呈现正负值交错出现，分别为4.22%、–7.32%、11.42%、–4.77%、–19.32%、8.69%，不确定性特征明显。而2017Q2—2018Q3期间驱动效应的均值为–1.18%，表明"自贸试验区驱动"对重庆GDP季均同比增长率的短期影响是负向驱动，季均拉低1.18个百分点。

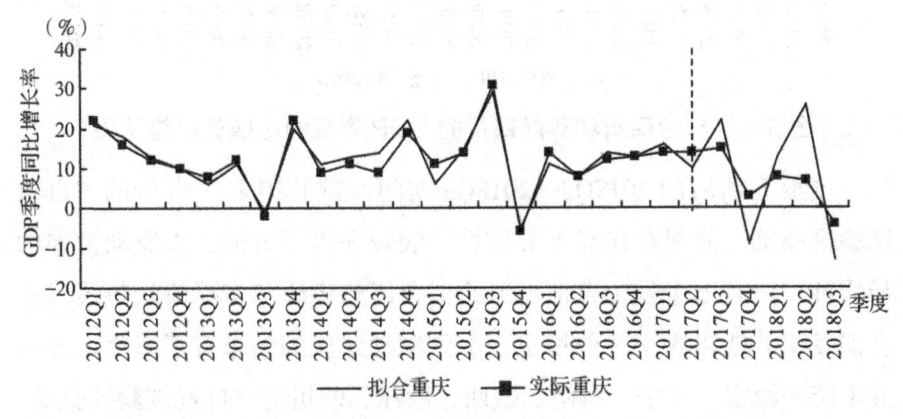

图3-6 拟合重庆和实际重庆的GDP季度同比增长率趋势线

7. 四川自贸试验区

由图3-7可知，2012Q1—2017Q1期间四川GDP季度同比增长率的拟合路径和实际路径大体一致，拟合效果可靠满意。政策干预后的2017Q2—2018Q3期间，实际值总体均大于拟合值，对应的驱动效应分别是4.99%、–0.40%、9.39%、5.67%、0.45%、17.31%，说明"自贸试验区驱动"能够显著驱动四川经济增长，6.23%的驱动效应均值则表明驱动四川GDP季均同比增长率提升了6.23个百分点，驱动效果显著。

（三）整体驱动效应分析

综合观察、对比图3-1至图3-7可知，在政策干预之前的2012Q1—2017Q1时间段，试验组七个省份的GDP季度同比增长率实际路径和拟合路径基本重合，主要走向近似一致、同步性强，因此可以得到较好的反事实拟合效果。

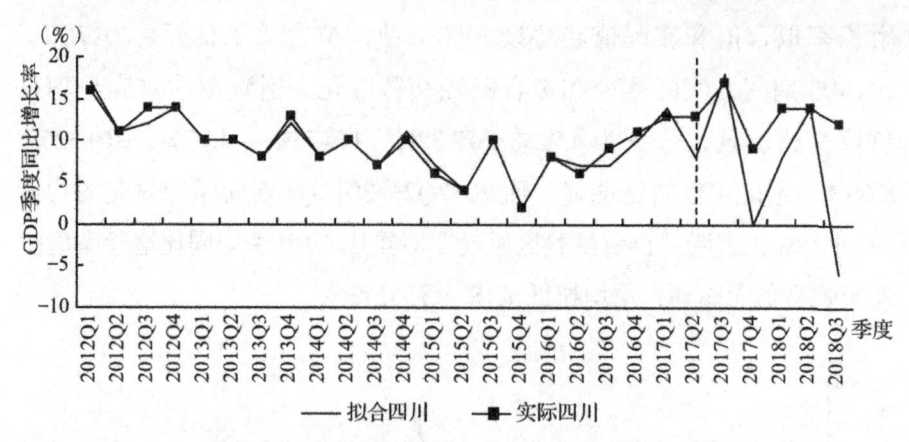

图 3-7　拟合四川和实际四川的 GDP 季度同比增长率趋势线

政策干预后的 2017Q2—2018Q3 期间，试验组七个省份的"自贸试验区驱动"效果存在显著异质性，表现在以下方面：①驱动方向的异质性。所有七个省（直辖市）的拟合值趋势线和实际值趋势线都存在偶发交替或多次交替的情况，引致驱动效应的结果有正有负，方向并不统一稳定。辽宁、河南、陕西、浙江、四川的"自贸试验区驱动"总体呈现正向驱动，湖北"自贸试验区驱动"是近似零驱动，重庆"自贸试验区驱动"总体表现为负向驱动。②驱动力度的异质性，分为极大驱动、显著驱动、一般驱动和不显著驱动四类。政策干预期内辽宁"自贸试验区驱动"是极大驱动，驱动效应的均值为 114.87%；陕西和四川是显著驱动，驱动效应的均值分别 8.76%、6.23%；河南、浙江和重庆是一般驱动，但河南和浙江是正向驱动，驱动效应的均值分别是 1.54%、1.41%，而重庆是负向驱动，驱动效应的均值为 −1.18%。湖北是不显著驱动，驱动效应的均值近似为零，仅为 −0.01%。③驱动敏感性的异质性。试验组各省份 GDP 季度同比增长率对政策干预的敏感性存在差异。在 2017Q2 当期，拟合值大于实际值的省份有辽宁、河南、湖北，表明这些省份的"自贸试验区驱动"存在时滞性，没有立即转化为驱动力，而陕西、浙江、重庆、四川在 2017Q2 当期的拟合值小于实际值，驱动效应分别为 12.74%、2.87%、4.22%、4.99%，表明政策干预利好效果在首个季度就得以显现。

（四）稳健性检验

通过变换时点的安慰剂检验（Abadie et al., 2010）来验证实证结果的稳健性，进一步确认上述实证结果的确是由自贸试验区设立的政策干预引致产生的，而非受到其他因素的影响。具体是通过随机选取政策干预之前的某个时点重新设定为政策干预实施的起点，然后按照上述合成控制的反事实步骤重新选择控制组进行拟合比对实际值，验证是否得到相同的结论。

以提前一年即设定2016Q2为第三批自贸试验区设立的开始时点，限于篇幅，相关过程不再赘述。拟合结果表明，在保持较高拟合优度的情况下，将自贸试验区设立的时间提前一年并没有对前述实证结果产生质变影响，即仍然是从2017Q2开始，各省份拟合路径和实际路径才出现显著差距，驱动效应的方向和力度与前述实证结果基本保持一致。这表明前述实证结果稳健可靠。

五、结论及展望

纵观中国自贸试验区的发展历程，第三批七大自贸试验区在设立数量、地域范围、多样性特征、战略地位、目标定位等方面都具有显著特色和重要作用，但各自贸试验区的设立对所在省份经济增长的影响如何尚缺少针对性研究。鉴于此，本研究基于2012Q1—2018Q3的省际面板数据，以第三批全部七个自贸试验区为研究对象，采用合成控制方法构建反事实的GDP季度同比增长率拟合值，测算了经济增长的"自贸试验区驱动"的短期驱动效应。结果发现，短期内经济增长的"自贸试验区驱动"在不同省份之间存在多方面的异质性。"自贸试验区驱动"能够正向驱动辽宁、河南、陕西、浙江、四川的GDP季度同比增长率，但对湖北和重庆经济指标的驱动不显著甚至是负向驱动。"自贸试验区驱动"的驱动力度也不尽相同，在政策干预期内驱动辽宁GDP季均同比增长率提升了114.87个百分点，属于极大驱动；驱动陕西和四川GDP季均同比增长率分别提升了8.76个、6.23个百分点，属于显著驱动；驱动河南、浙江和重庆 GDP 季均同比增长率分别提升了 1.54 个、1.41 个、-1.18 个百分点，属于正向和负向的一般驱动；对湖北 GDP 季均同比增长率的驱动力度近似为零，属于不显著驱动。此外，政策干预的 2017Q2 当期，七个省份 GDP 季度同比增长率对政策干预的敏感程度也存在差异，"自贸试验区驱动"效能发挥的时滞性和即时性并存。

对于自贸试验区驱动经济增长效应的研究，本研究在考察指标的选择上，仅选取 GDP 季度同比增长率作为唯一的衡量指标，尚未综合考量对实施地进出口、FDI、固定资产投资、工业增加值等其他经济增长指标的影响，可以运用合成控制的反事实方法进行进一步研究。此外，限于第三批自贸试验区设立时间较晚的客观原因，主要研究了"自贸试验区驱动"的短期效应，中长期效应如何有待后续研究。

第四章　工业增长视阈下自贸试验区经济效应的反事实研究

一、引言与文献综述

自贸试验区是新常态下中国推动改革深化、开放扩大和创新驱动的试验田和载体。从2013年9月至2018年10月，五年间中国已经设立了四批次共计12个自贸试验区，形成海陆统筹、南北兼顾、东中西协调的"1+3+7+1""雁阵"发展格局。不仅自贸试验区数量快速增加，中国还重视对已设立自贸试验区的扩容工作，2019年8月上海自贸试验区继2014年年底扩容后第二次扩容，临港新片区挂牌设立。关于自贸试验区建设的一系列动作彰显了中国力图通过自贸试验区倒逼国内发展、测试经济承压、释放制度红利的决心和力度。

自贸试验区作为中国单方面对外开放的海关特殊监管区域，承载着先行先试、示范引领、复制推广的使命，是目前大陆地区开放层次最高、制度创新最多、监管力度最小、优惠政策最全的开放平台。自贸试验区的改革、开放和创新具有层次高、领域广、力度强的鲜明特征，通过推动政府职能转变、改革投资管理体制、便利国际贸易、创新金融开放、对接国家级战略等举措起到促进生产要素流动、统筹重配经济资源、提高资源流动效率的作用，对经济的影响多维立体、涉及诸多方面。本章试图从工业增长视阈探究"自贸试验区驱动"的经济效应问题。

第三批七大自贸试验区均在不同程度和范围上承担了引领先进、

高端工业发展的职能。辽宁自贸试验区建设的重要任务包括大力推动本省老工业基地体制创新和结构调整。浙江自贸试验区既要完善"大石化"产业链，又要积极打造国际"大飞机"产业园。河南自贸试验区的三大片区均以推进先进制造业、高端制造业的产业和基地建设为重要目标。陕西自贸试验区要加快发展先进复合材料、工业机器人等工业制造产业。湖北自贸试验区要集聚发展光电子、新能源汽车、生物制药等高端产业。重庆自贸试验区明确提出要重点推进包括先进制造业在内的产业集群发展。四川自贸试验区主要片区也重点发展高端制造业、高新技术等先进制造和特色产业。摸清自贸试验区驱动所在省份工业发展的情况，对于加快自贸试验区工业发展的改革创新、动力激发、供给扩大意义重大。

目前学界针对自贸试验区的经济效应已基于不同侧重点进行了较深入的研究。

（1）对实施地省份经济增长某一方面的影响，主要围绕对本省自身的驱动效果展开。包括对地区 GDP（唐志良和刘建江，2014；陈琪和刘卫，2014；黄启才，2017；殷华和高维和，2017；秦敏花，2017；应望江和范波文，2018；叶修群，2018；白桦和谭德庆，2018；叶霖莉，2019；张颖和逯宇铎，2019）、固定资产投资（王利辉和刘志红，2017）、外商直接投资（王昕，2018；黄启才，2018）、进出口贸易（王鹏和郑靖宇，2017；刘秉镰和吕程，2018）、金融业创新开放（Yao & Whalley，2016；刘洪愧和谢谦，2017；周明升和韩冬梅，2018；谢家泉等，2019）、产业结构升级（黎绍凯和李露一，2019）、税制改革效应（何骏，2018；韩民春和郎学超，2018）的影响，这些方面也契合自贸试验区进行改革和创新的主要内容（刘秉镰和王钺，2018）。

（2）对实施地省份周边省市的虹吸、辐射、溢出效应，探究外部经济或不经济情况。主要以上海自贸试验区为研究对象，探讨其对周边城市的影响（王海梅，2014）、对江苏经济的影响（滕永乐和沈坤荣，2014）、对浙江的经济溢出影响（唐宇菲和严勇，2015；杨艳红和胡加琪，2018）。

（3）对接国家级发展战略的经济效应。对"一带一路"倡议的支撑效应（何国忠和张祥建，2016），与长江经济带开放型经济的协同效应（沈玉良和彭羽，2017），对自由贸易港建设的探索影响（佟家栋，2018）。

综上，现有文献已经对自贸试验区经济效应进行了较广泛的研究，但仍鲜有针对自贸试验区工业增长效应的专门研究，同时研究的对象也多是上海自贸试验区和津闽粤三大自贸试验区。本章以第三批设立的全部七个自贸试验区为研究对象，个体和整体层面相结合考察这些自贸试验区驱动所在省份的工业增长情况，研究具有一定的边际贡献。

二、实证方法、数据及统计

（一）实证方法

1. 方法原理

采用 Hsiao et al.（2012）提出的"反事实"方法，以研究对象作为处理组，其他对象作为控制组，假定所有对象的发展都受到某些共同因子的驱动或制约，因此在政策干预后可以利用合成控制的方法，根据权重关系构建最优控制组来估计处理组的反事实值，再根据反事实值和实际值的差异来判断政策干预的效果。

结合研究的问题，反事实方法的具体构想如下：设 y_{it}（$i=8,9,\cdots$, I；$t=1,2,\cdots,T$）为排除第三批七个自贸试验区实施地省份的其他省份 i 在时间 t 的工业增长率，y_{it}^0 和 y_{it}^1 分别为省份 i 在时间 t 受到政策干预前（未设立自贸试验区）和受到政策干预后（已设立自贸试验区）的工业增长率，那么政策效果 $\Delta_{it} = y_{it}^1 - y_{it}^0$。

设 y_{jt}（$j=1,2,\cdots$, 7；$t=1,2,\cdots,T$）为政策实施地省份 j（第三批设立自贸试验区的省份 j）在时间 t 的工业增长率，T_1+1 为政策干预开始时点，若 $t\in\{1,2,\cdots,T_1\}$，则 $y_{jt}=y_{jt}^0$；同理，若 $t\in\{T_1+1,\cdots,T\}$，则 $y_{jt}=y_{jt}^1$。但由于 $t\in\{T_1+1,\cdots,T\}$ 时，y_{jt}^0 不存在，其拟合值 $\hat{y}_{jt}^0$ 需要通过反事实方法获

得，而政策效果$\hat{\Delta}_{jt} = y_{jt}^1 - \hat{y}_{jt}^0$（t=T₁+1,…,T），可以证明$\hat{\Delta}_{jt}$是$\Delta_{jt}$的一致估计量。未受到政策干预的控制组省份 i 仍有$y_{it} = y_{it}^0$（i=8,9,…,I；t=1,2,…,T）。y_{it}^0、y_{jt}^1和y_{jt}^0的实际值均客观存在，而拟合值$\hat{y}_{jt}^0$（t∈{T₁+1,…,T}）未知，故政策效果$\hat{\Delta}_{jt}$取决于对$\hat{y}_{jt}^0$（t∈{T₁+1,…,T}）的反事实值预测情况。

由于处理组和控制组省份的工业增长都受到中国内外部经济环境的驱动或制约，可以视为是受到了共同驱动因子的影响，故可构建以下因子模型：

$$y_{it}=b_i f_t+\alpha_i+\varepsilon_{it},\ i=1,2,\cdots,I;\ t=1,2,\cdots,T \qquad (4-1)$$

b_i和f_t分别代表系数向量和共同驱动因子向量，α_i表示个体效应，ε_{it}表示随机误差项，同时满足 E(ε_{it})=0。由式（4-1）可知，可以用控制组省份的工业增长率y_{it}^0替代f_t拟合得到$\hat{y}_{jt}^0$（t=T₁+1,…,T；j=1,2,…,7；i=8,9,…,I）。下面讨论最优控制组的选取方法。

2. 选取最优控制组

"反事实"方法的操作重点是从控制组包含的对象中筛选得到能够可靠拟合假定未受政策干预情况的一个最优控制组。首先从 n=1 开始，在 I-7 个未设立自贸试验区省份中通过任选 n 个省份的方法得到C_{I-7}^n种组合，再根据$y_{jt}^0 = \delta + \beta y_{jt}^0$（$\delta$和$\beta$均为待估计系数，t=1,2,…,T₁）对$C_{I-7}^n$种组合分别进行回归，依据 AIC 准则从中筛选得到最优的控制组组合 M*。最后由 M* 在 t∈{T₁+1,…,T}的各个时点进行拟合得到反事实值$\hat{y}_{jt}^0$，最终确定自贸试验区驱动工业增长的政策效果$\hat{\Delta}_{jt}$。

（二）衡量指标及数据来源

以工业增加值的月度同比增长率作为衡量指标，原始数据来源于国研网统计数据库，考察的时间段为 2012 年 3 月（简写为 2012M3，下同）至 2018 年 9 月（2018M9），但由于该时间段内所采用数据库缺失大部分年度的 1 月和 2 月数据，考虑到第三批自贸试验区设立的时点是 2017 年 4 月，并且这两个月份占考察周期全部月份的比重不大，对研究结论没有实质影响，因此不考察这两个月份。研究的总时间期数是 T=67 期，政策干预前的期数 T_1=51 期，政策干预后的期数 $T-T_1$=16 期。

研究对象是第三批设立的全部七个自贸试验区，因此实施地所在的七个省份构成处理组。控制组去掉已经设立自贸试验区的上海、天津、福建、广东四个省份和香港、澳门、台湾三地，由北京、河北、山西、内蒙古、吉林、黑龙江、江苏、安徽、江西、山东、湖南、广西、海南、贵州、云南、西藏、甘肃、青海、宁夏、新疆共 20 个省份构成。样本总数为 27×67=1809 个，处理组的样本数量为 7×67=469 个，控制组的样本数量为 20×67=1340 个。

（三）描述性统计

图 4-1 中的垂直虚线将整个考察周期一分为二，虚线左右两侧分别对应自贸试验区设立前后的时间段，虚线指向的时点代表自贸试验区设立的当期（2017M4）。

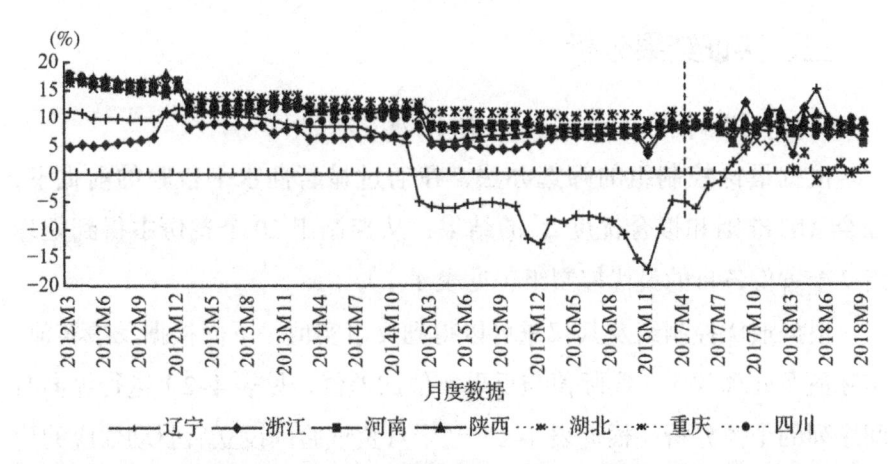

图 4-1 2012M3—2018M9 处理组各省份的工业增加值月度同比增长率

根据图 4-1 对比 2017M4 前后处理组各省份的指标数值波动情况，发现辽宁的指标数值上升趋势极为显著，重庆的下降趋势比较明显，其他五个省份的指标数值变动平缓不显著。具体观察，辽宁在整个考察周期内指标数值变动总体呈现 V 形反转趋势，其中在 2012M3—2017M3 期间整体下降，在 2016M11 当期触底，之后开始反弹，自贸试验区在 2017M4 设立后有力延续了反弹上升趋势，从 2017M4 的 -5.3%增长到 2018M9 的 8.5%，其间的峰值达到 14.9%，整体上升趋势显著。因此，表面分析可知"自贸试验区驱动"可能对辽宁老工业基地发展有极其显著的正向驱动作用，集聚、溢出效应极其显著。重庆在整个考察周期内指标数值整体呈现下滑趋势，2012M3—2017M3 期间指标数值从 16.3% 下降到 10.7%，自贸试验区设立后的 2017M4—2017M7期间，延续了前期的下降态势，但指标数值仍稳定在 10% 左右。自2017M8 开始跌破 9%，并整体呈现快速下降趋势，2018M9 已下降到1.5%，表面分析可知"自贸试验区驱动"可能对重庆工业增长有负面影响，存在对工业资源要素的消极挤出效应。其他五个省份在自贸试验区设立后，指标数值的变动不显著，但具体的"自贸试验区驱动"效应有待实证检验。

三、实证结果分析

（一）纵向驱动力度：个体维度

根据最优控制组的筛选办法，在通过显著性水平检验的前提下，综合 AIC 准则和拟合优度 R^2 的结果，从控制组 20 个省份中得到处理组 7 个省份各自的最优控制组（见表 4-1）。

根据最优控制组及其权重可以得到反事实值，下面根据反事实值、实际值及处理效应（实际值与反事实值的差值，见表 4-2）进行纵向时间序列的个体分析。根据表 4-2，辽宁自贸试验区设立后驱动效应的均值为 17.22%，表明 2017M4—2018M9 期间辽宁"自贸试验区驱动"平均提高了本省工业增加值月度同比增长率 17.22 个百分点。

1. 辽宁自贸试验区

根据图 4-2，自贸试验区设立前的 2012M3—2017M3，反事实值路径与实际值路径基本重合、走向一致，表明拟合效果满意，预期能够在

表 4-1 处理组 7 个省份各自的最优控制组及权重

控制组\处理组	辽宁	浙江	河南	陕西	湖北	重庆	四川
北京	-0.5889***		0.0655**	-0.0719*			
河北		-0.0827***	-0.1027***	-0.4028***			0.1093**
山西			0.0531*		0.1209***		0.1938***
内蒙古	-0.7701*		0.1413***				0.4308***
吉林		0.3237	0.2144***		0.2452***	-0.1046***	0.1858**
黑龙江	0.7435**			0.2399***		0.2098***	
江苏	2.4483***	0.7168**	-0.5798***	0.5959***	-0.7923***	0.2298***	-0.9009***
安徽		0.5805***	-0.4926***			-0.2417***	
江西				0.6753***	-0.3476***		
山东	3.1907***	-0.9624***	0.2478***		1.1026***	0.4683***	-0.9804***
湖南	0.4769*		0.7925***	0.4562***	0.1661**	0.2053***	0.6801**
广西		-0.1892*	0.3028***				0.4389***

续表

控制组\处理组	辽宁	浙江	河南	陕西	湖北	重庆	四川
海南			0.0473***	0.2115***	0.1178***		
贵州				1.2997***	−0.8486***		−0.7555***
云南		−0.0836***	−0.0874***	−0.1993***	−0.0921***	−0.0430**	0.0851***
西藏	−0.2681***	0.0542***		0.2017***			−0.0621***
甘肃		−0.3574***	0.1422***	−0.8195***	0.3297***	0.1201***	0.4402**
青海					0.2356***		
宁夏	−1.2570***			−0.1033***		−0.0696**	
新疆		0.3789***					
最优个数	8	10	13	12	11	9	12
截距项	−33.9219	2.6023	4.8428	−14.2284	11.9194	6.1667	14.2234
调整后 R^2	0.9431	0.9437	0.9930	0.9902	0.9882	0.9891	0.9888
AIC值	4.5658	1.0969	0.1108	1.1755	0.6518	0.1066	0.9133

注：***、**、* 分别表示在1%、5%、10%的显著性水平上通过检验。

表 4-2 处理组 7 个省份各自的处理效应及均值（%）

政策干预期/处理组	辽宁	浙江	河南	陕西	湖北	重庆	四川
2017M4	-6.53	0.00	0.45	-0.17	-0.79	0.03	0.79
2017M5	4.06	1.64	0.35	-0.62	1.56	0.87	0.87
2017M6	1.70	-1.27	2.42	-6.50	4.29	1.14	7.62
2017M7	0.54	-8.48	5.01	-7.83	5.09	1.57	9.68
2017M8	13.07	-3.91	5.35	-7.44	3.49	0.01	3.89
2017M9	1.29	2.37	4.19	-6.22	5.17	-3.22	10.86
2017M10	16.27	-1.61	1.31	-6.80	-0.54	0.14	7.09
2017M11	17.05	3.26	1.08	-2.26	-1.47	0.50	3.91
2017M12	11.50	-2.26	3.11	1.47	4.01	-0.75	6.18
2018M3	13.62	-2.83	2.61	4.71	0.28	-9.17	2.49
2018M4	26.75	1.34	6.02	8.36	4.35	-4.35	7.39
2018M5	27.01	-1.77	4.03	3.56	1.96	-10.38	1.91
2018M6	39.54	-1.35	0.50	-1.16	-2.14	-5.83	-2.91
2018M7	31.98	1.45	-0.08	15.22	-5.70	-6.49	-5.13
2018M8	33.98	7.61	-2.29	13.67	-5.19	-9.62	-6.89
2018M9	43.63	5.87	-4.70	9.71	-8.26	-6.58	-9.89
均值	17.22	0.00	1.84	1.11	0.38	-3.26	2.37
驱动效果	正向极大驱动	不显著驱动	正向显著驱动	正向显著驱动	不显著驱动	负向显著驱动	正向显著驱动

政策干预后拟合得到可靠的反事实值。自贸试验区设立后的 2017M4—2017M7 期间，反事实值和实际值没有出现明显的差距，两者交错变动，引致处理效应也延续政策干预之前的状态，围绕横轴上下波动，这表明"自贸试验区驱动"具有时滞性，对政策干预的响应迟缓。但从 2017M8 开始，实际值路径长期位于反事实值路径上方，实际值显著大于反事实值，且两者路径间的离散趋势越来越明显，引致正向的处理效应也越来越显著，处理效应的数值从 2017M8 的 13.1% 提升到

2018M9 的 43.6%，表明在 2017M8—2018M9 期间"自贸试验区驱动"使辽宁工业指标的提升幅度从 13.1 个百分点增加到 43.6 个百分点，驱动力度极其显著，与描述性统计的预判结果吻合。

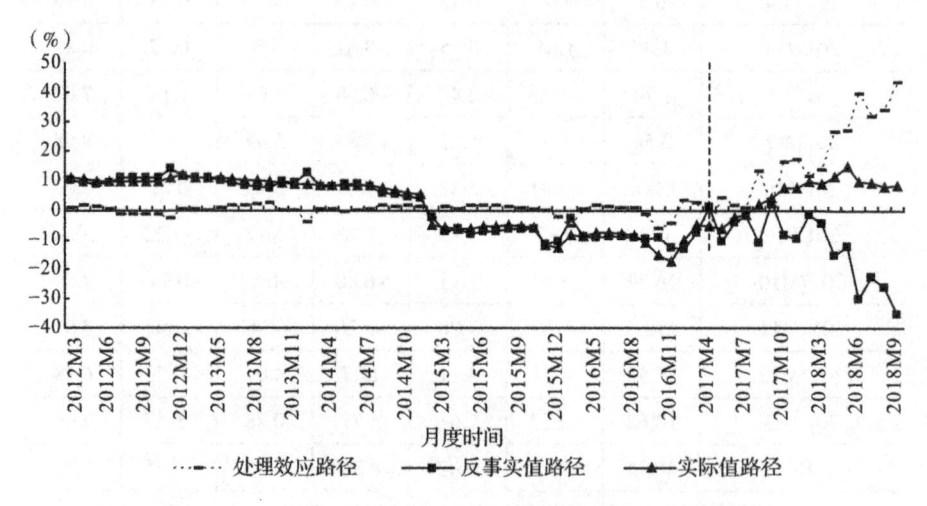

图 4-2　辽宁工业增加值月度同比增长率的处理效应、反事实值及实际值的路径

2. 浙江自贸试验区

由图 4-3 可知，自贸试验区设立之前的 2012M3—2017M3 期间，反事实值路径和实际值路径基本走势一致，重复度高，拟合效果满意。观察自贸试验区设立后的 2017M4—2018M9 时间段，反事实值路径和实际值路径差距开始增大，两者的走势也显著交替变化，引致处理效应路径在 2017M4—2018M9 期间围绕 X 轴上下显著波动，这表明"自贸试验区驱动"对浙江工业增加值月度同比增长率有驱动效果，但是显著不稳定。同时根据表 4-2，政策干预期内驱动效应的均值近似为零，表明浙江"自贸试验区驱动"对工业增加值月度平均同比增长率整体影响不显著。

3. 河南自贸试验区

分析图 4-4 可知，垂直虚线左侧的反事实值路径和实际值路径的拟合效果良好，路径同步性强，预期可以在政策干预后得到满意的反

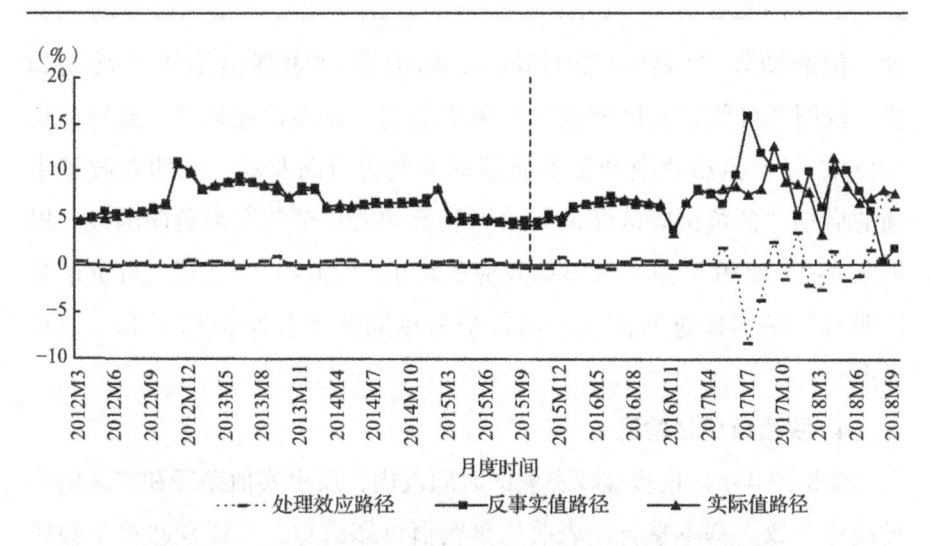

图 4-3 浙江工业增加值月度同比增长率的处理效应、反事实值及实际值的路径

事实值预测效果。垂直虚线右侧，从 2017M6 开始反事实值路径和实际值路径开始出现较大差异，但自贸试验区设立的时点在 2017M4，表明河南"自贸试验区驱动"效果发挥有短期时滞性。2017M6—2018M9期间，实际值路径总体位于反事实值路径上方，处理效应也整体为正值，说明"自贸试验区驱动"对河南工业增长整体有较显著的正向驱

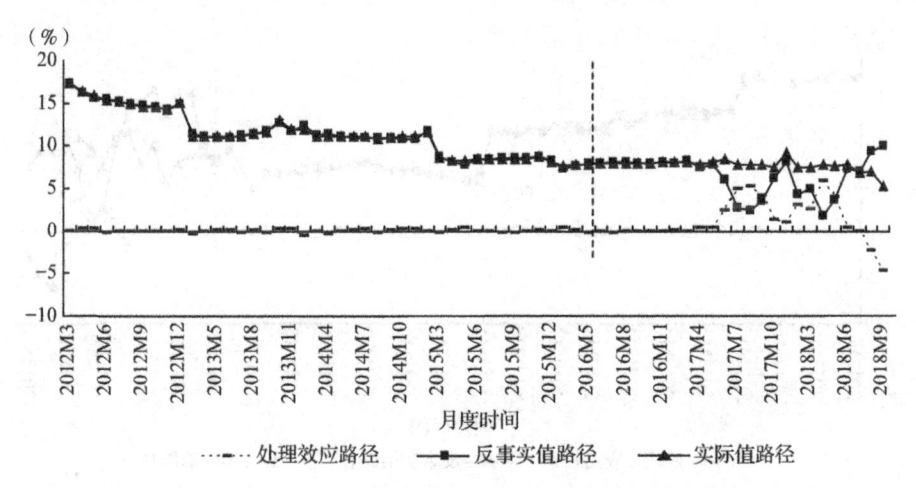

图 4-4 河南工业增加值月度同比增长率的处理效应、反事实值及实际值的路径

73

动，但驱动效应路径在 2017M4—2018M9 期间表现出倒 W 形波动趋势，说明"自贸试验区驱动"效果不稳定，波性特征显著。此外，从 2018M6 开始驱动效应开始不显著甚至变为负向驱动，说明在政策干预的后期"自贸试验区驱动"效果开始乏力甚至转变为负向消极。根据表 4-2，政策干预期内驱动效应的均值为 1.84%，表明"自贸试验区驱动"平均促进河南工业增加值月度同比增长率提高了 1.84 个百分点。

4. 陕西自贸试验区

根据图 4-5，垂直虚线左侧的时间段内，反事实值路径和实际值路径趋势一致，基本重合，表明反事实值可靠满意，可以在政策干预后得到较好的预测效果。垂直虚线右侧的时间段内，前半段的 2017M4—2017M11 期间反事实值路径一直处于实际值路径上方，引致处理效应为负值，取值区间介于 [-0.17%，-7.83%] 之间，表明"自贸试验区驱动"对陕西工业增加值首先带来的是负向驱动效应。但在后半段 2017M12—2018M9 期间，出现显著反转态势，反事实值路径一直处于实际值路径下方，引致处理效应总体为正值，取值区间大致介于 [1.47%，15.22%] 之间，此时"自贸试验区驱动"对陕西工业增加值

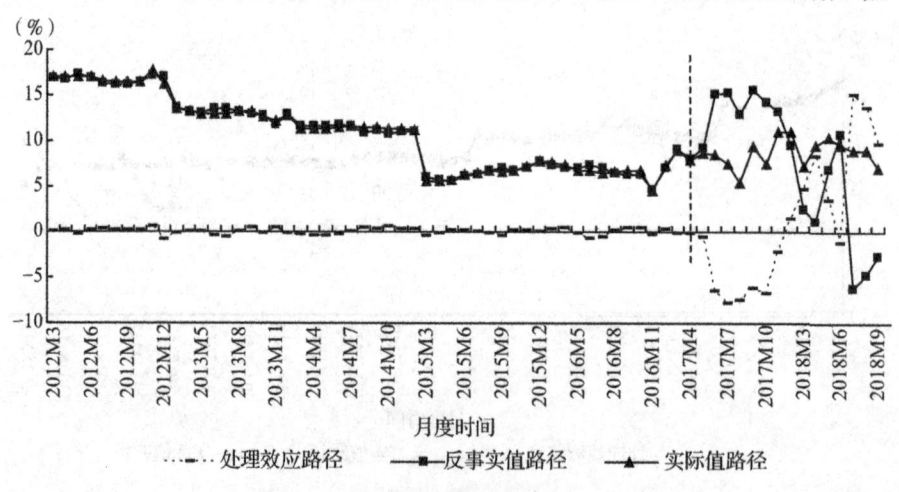

图 4-5 陕西工业增加值月度同比增长率的处理效应、反事实值及实际值的路径

带来的是正向驱动效应，但也伴随着显著的波动性。而根据表 4-2，自贸试验区设立后驱动效应的均值为 1.11%，表明"自贸试验区驱动"平均促进陕西工业增加值月度同比增长率提高了 1.11 个百分点。

5. 湖北自贸试验区

由图 4-6 可知，未受政策干预的 2012M3—2017M3 期间，反事实值路径和实际值路径大致重合，同步性强，表明拟合效果满意，预期在政策干预后可以得到可靠的反事实值。而受自贸试验区设立的政策干预影响，2017M4—2018M9 期间反事实值路径和实际值路径出现较显著的离散差距，两者交错变化，引致处理效应路径呈现倒 W 形。根据表 4-2，自贸试验区设立后驱动效应的均值为 0.38%，表明"自贸试验区驱动"平均促进湖北工业增加值月度同比增长率仅提高了 0.38 个百分点，驱动效果不显著。

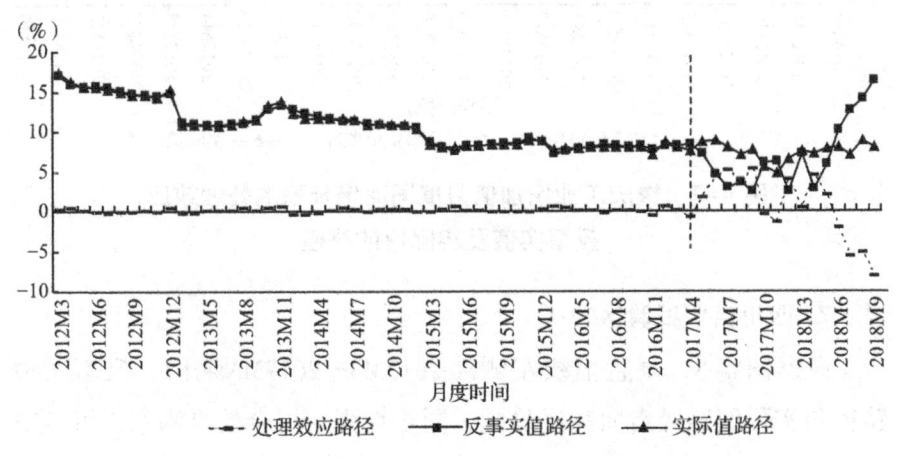

图 4-6　湖北工业增加值月度同比增长率的处理效应、
反事实值及实际值的路径

6. 重庆自贸试验区

根据图 4-7，设立自贸试验区之前的 2012M3—2017M3 期间，反事实值路径和实际值路径基本相同，趋势高度一致，表明拟合效果很好，为政策干预后的预测提供了可靠的依据。自贸试验区设立后的 2017M4—2018M9 期间，反事实值路径和实际值路径开始出现较显著的离散态势,"自贸试验区驱动"对重庆工业增长的影响开始显现。结合表 4-2,政策干预期内驱动效应在 2017M4—2017M11Q11 期间整体是较弱的正向驱动,在 2017M12—2018M9 期间均是显著的负向驱动,而 2017M4—2018M9 期间处理效应均值为 -3.26%,表明"自贸试验区驱动"平均促进重庆工业增加值月度同比增长率降低了 3.26 个百分点,负向驱动效果显著。

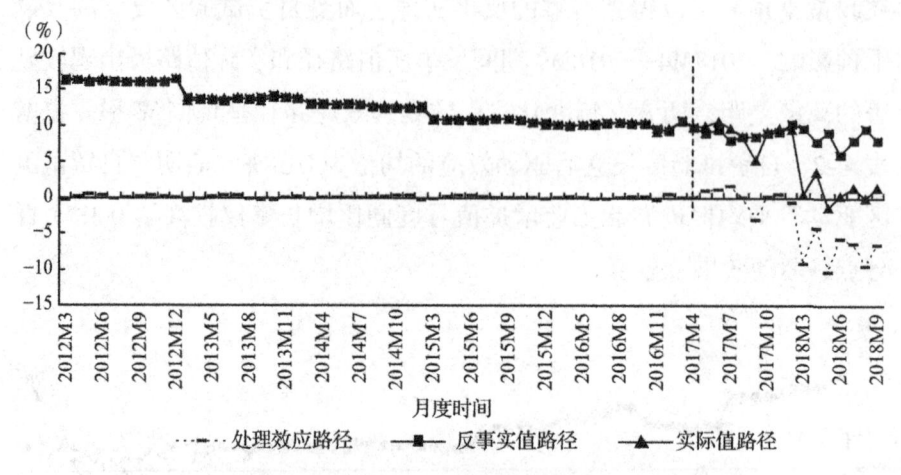

图 4-7 重庆工业增加值月度同比增长率的处理效应、反事实值及实际值的路径

7. 四川自贸试验区

根据图 4-8,垂直虚线左侧的 2012M3—2017M3 期间,反事实值路径和实际值路径走向高度趋同,同步性强,拟合效果满意,可以对政策干预后的反事实情况进行可靠预测。垂直虚线右侧的 2017M4—2018M9 期间,反事实值路径和实际值路径有显著的差异,在 2017M4—2018M5 期间,反事实值一直小于实际值,表明"自贸试验区驱动"正向驱动四川工业增长,但在 2018M6—2018M9 期间,反事实值开始大于实际值,负向驱动越来越显著,引致处理效应在政策干预的中前期为正值,后期为负值,政策干预的整个期间均值为 2.37%(见表 4-2),表明"自贸试验区驱动"平均促进四川工业增加值月度同

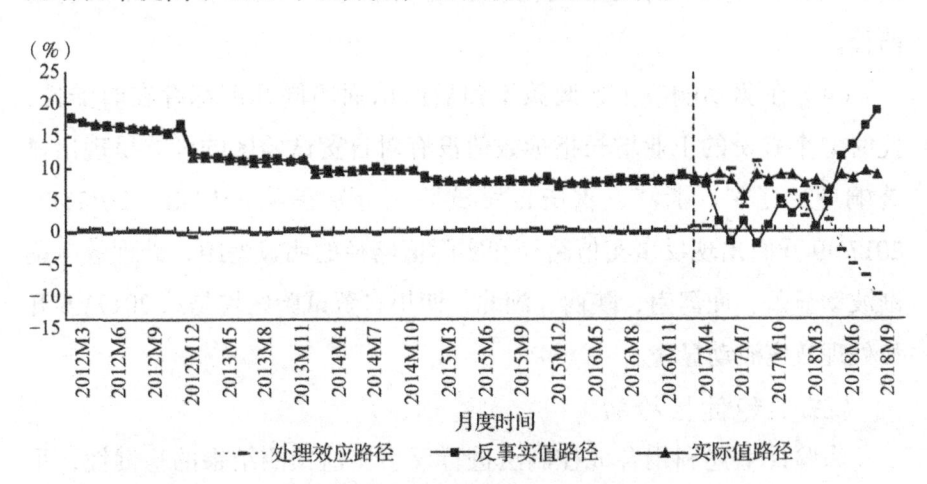

比增长率提高了 2.37 个百分点，驱动效果总体显著。

图 4-8　四川工业增加值月度同比增长率的处理效应、反事实值及实际值的路径

（二）横向驱动对比：整体维度

"自贸试验区驱动"效果在处理组七大省份间存在以下异质性。

（1）在驱动方向上，存在正向驱动、负向驱动和不显著驱动。在自贸试验区设立后的整个区间内，"自贸试验区驱动"正向驱动了辽宁、河南、陕西、四川四省的工业增加值月均同比增长率提高，负向驱动重庆工业增加值月均同比增长率降低，对浙江和湖北工业增加值月均同比增长率的驱动不显著，近似为零。

（2）在驱动力度上，有极大驱动、一般驱动和近似零驱动。辽宁"自贸试验区驱动"属于极大驱动，2017M4—2018M9 期间其处理效应的均值达到 17.22%；河南、陕西、四川和重庆的"自贸试验区驱动"属于一般驱动，同期处理效应均值的绝对值介于 [1.11%，3.26%] 之间；浙江和湖北的"自贸试验区驱动"属于近似零驱动，同期处理效应的均值近似为零。

（3）在驱动路径上，有波动上升、倒 W 形和波浪形路径。根据自贸试验区设立后处理效应路径变动趋势，自贸试验区对辽宁、陕西工业增长的驱动表现出波动上升路径，对浙江、重庆、四川工业增长的驱动路径呈现波浪形，对河南、湖北工业增长表现出倒 W 形驱动路径。

（4）在驱动响应上，政策干预后的前面不同几期都存在时滞性，此时七个省份的工业增长指标数值没有对自贸试验区的设立呈现出显著响应。辽宁、浙江、重庆自贸试验区分别是从 2017M8、2017M7、2017M9 开始出现反事实值路径和实际值路径的明显差距，处理效应逐渐波动显著，而河南、陕西、湖北、四川自贸试验区均是从 2017M6 开始处理效应波动显著。

（三）稳健性检验

为验证上述利用合成控制法进行反事实值预测结果的稳健性，采用将政策干预时间随机提前一年的安慰剂检验方法，即将第三批自贸试验区设立的时间假定为 2016M4，观察若从 2016M4 开始（允许有合理的滞后期），反事实值路径和实际值路径开始出现显著差距，则表明本研究上述实证结果不稳健，差距并非一定是自贸试验区设立引致的，还存在其他随机影响因素。反之，若依然从 2017M4 或滞后几期开始反事实值路径和实际值路径出现显著差距，则证明本研究上述实证结果稳健可靠。

限于篇幅，仅以辽宁自贸试验区为例进行稳定性检验，结果如图 4-9 所示。根据图 4-9，尽管将自贸试验区设立的时间提前到 2016M4（垂直实线对应的时点），但整体观察，处理效应出现显著波

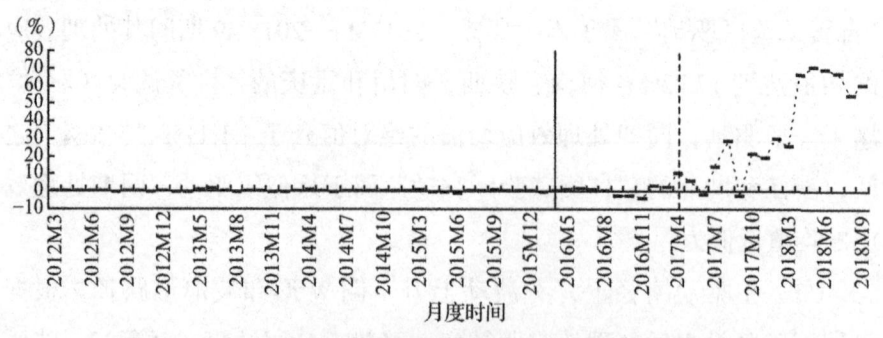

图 4-9 自贸试验区设立时间提前一年后辽宁工业增加值月度同比增长率的处理效应路径

动仍基本是始于 2017M4（垂直虚线对应的时点），此时点以后反事实值路径和实际值路径开始出现显著差距，其他六个省份也出现同样的情况，不再赘述。因此，本研究的实证结果通过稳定性检验，能够确定是由于"自贸试验区驱动"的影响引致实施地省份工业增长的变动，可排除其他影响因素的干扰。

四、结论及讨论

本研究基于 2012M3—2018M9 共 27 个省份的面板数据，以第三批七大自贸试验区为研究对象，采用合成控制的反事实方法，基于工业增长视阈事后检验"自贸试验区驱动"经济效应。在政策干预前的 2012M3—2017M3 期间反事实值路径和实际值路径拟合效果满意的前提下，重点考察政策干预后的 2017M4—2018M9 期间"自贸试验区驱动"经济效应，研究发现：①第三批七大自贸试验区在政策干预后反事实值路径和实际值路径整体呈现显著离散差距，引致处理效应波动明显。而稳定性检验排除了其他未知因素的干扰，证实这是自贸试验区影响的结果。②对比"自贸试验区驱动"对不同省份工业增长的驱动情况可知，"自贸试验区驱动"并非一定能引致显著的正向驱动，也可能会产生不显著甚至负向驱动。正向驱动效应可能源自试点片区引致鲇鱼效应激发了全省工业发展活力，以及经济溢出效应作用的结果。不显著甚至负向驱动效应可能是由于其他行业、部门得益于更优惠的制度红利和政策支持，对有限资源要素虹吸作用显著，挤占了工业增长的发展空间，挤出效应制约了本省工业的发展。③"自贸试验区驱动"对实施地省份的工业增长大都能产生显著影响，其中对辽宁的影响属于极大显著，有力促进了东北老工业基地的振兴，但对浙江和湖北的驱动在政策干预后的整个期间内短期效应并不显著，中长期效应有待后续观察。④"自贸试验区驱动"的驱动路径和响应程度也存在较大异质性。驱动路径上，有波动上升、倒 W 形、波浪形路径；在驱动响应上，自贸试验区设立后的前面不同几期都存在时滞性。

限于第三批自贸试验区设立时间较短的客观实际，本研究主要考察了自贸试验区驱动工业增长的短期效应，属于事后检验，而中长期效应的事前预测有待进一步探究。此外，本研究仅考察了工业增长的"自贸试验区驱动"问题，对于七大自贸试验区影响本省的对外贸易、固定资产投资、人均GDP、外商直接投资等其他经济效应的情况未涉及，而且由于七大自贸试验区建设的目标定位不同，有的自贸试验区对工业发展的重视相对不足，因此短期内其驱动工业增长的效应表现不显著，"自贸试验区驱动"的综合经济效应情况有待进一步考察。

第五章　自贸试验区是否助力了东北地区工业振兴

——来自辽宁自贸试验区的反事实证据

一、引言及文献综述

自2014年以来，东北地区老工业基地的GDP增速明显下降，工业发展不振，经济低迷态势明显，个别省份的经济甚至出现负增长，已成为全国经济增长版图中的主要洼地。为振兴东北经济，国家多措并举，持续释放政策红利，其中设立中国（辽宁）自由贸易试验区（简称辽宁自贸试验区）成为国家振兴东北地区老工业基地战略的重要抓手和举措。辽宁自贸试验区设立于2017年4月，包括沈阳片区、大连片区和营口片区，是东北地区首个自贸试验区，其定位于打造驱动东北老工业基地振兴发展的新引擎，这也是该自贸试验区明显有别于国内其他自贸试验区功能定位的特殊之处。

尽管辽宁自贸试验区的三个片区都设在辽宁省内，但由于其定位是提升整个东北地区老工业基地的整体竞争力，因此该自贸试验区不仅对所在地辽宁的工业增长产生影响，预期也会引致吉林和黑龙江两省工业增长的变动。本研究将事后检验辽宁自贸试验区对辽宁、吉林、黑龙江三省工业增长的驱动效果，明确驱动方向、驱动力度和驱动波幅情况，并由此归纳得到自贸试验区驱动各省份工业增长效应的类别，以期为其他自贸试验区或后续新设自贸试验区在工业发展方面的进一步改革、创新、开放提供参考。

现阶段学术界对自贸试验区影响经济发展的研究可以从研究对象、研究视角和研究观点三方面进行综述。从研究对象来看，主要以中国首个自贸试验区上海自贸试验区为主（陈琪和刘卫，2014；谭娜等，2015；殷华和高维和，2017；王利辉和刘志红，2017），兼顾对天津、福建、广东三大自贸试验区经济效应的研究（黄丽霞，2017；应望江和范波文，2018；叶修群，2018），专门针对第三批各个自贸试验区经济效应的研究较匮乏。从研究视角来看，涉及自贸试验区引致地区 GDP 总量（江若尘等，2014）、贸易总额（王鹏和郑靖宇，2017；陈红蕾和胡鑫，2019）、外商直接投资（黄启才，2018）、金融服务创新（Yao and Whalley，2016；郭晓合和戴萍萍，2017）、税制改革（何骏，2018）的变化等诸多方面。从研究观点来看，多数学者支持和肯定自贸试验区对所在省份经济的积极驱动作用（黄启才，2018；张军等，2018），但对周边省份或经济腹地的经济影响利弊尚有争议（滕永乐和沈坤荣，2014；沈玉良和彭羽，2017）。

由此可见，目前学界缺少对第三批七大自贸试验区经济效应的专门研究，同时从研究的视角来看也缺乏基于工业增长视阈的探究，对自贸试验区所在省份周边省份的经济影响情况也莫衷一是。此外，少有的专门以辽宁自贸试验区为研究对象的文献也是对其对发展战略（施锦芳，2017）、营商环境（王晓玲，2018）、差异化路径（魏瑾瑞和张雯馨，2019）的思考，仍缺少对辽宁自贸试验区经济效应的专门研究成果，本章拟做出针对性的边际贡献。

二、方法原理及数据分析

（一）反事实方法原理

将设立自贸试验区看成一项政策自然试验，借鉴 Hsiao 等（2012）提出的反事实方法，通过模拟评估，得到与政策实际执行情况相反的反事实绩效，反事实绩效和实际绩效的差距即反映自贸试验区的实施效果。反事实方法的观点认为面板数据中受到政策直接干预的个体和未受到政策直接干预的个体之间,若受到某些共同因子的驱动,就可以利用后者中某些个体信息模拟前者在假设不受政策干预状态下的反事实结果。由于中国各省份的经济增长具有较强关联性、协同性,可以认为是受到国内外经济环境中共同因子的驱动,因此可以通过合成控制组的构建得到自贸试验区这一政策干预的反事实情况。

1. 原理阐释

反事实是在政策干预已开始但假定政策未干预时的拟合取值情况,结合本研究实际,简述 Hsiao 等(2012)的反事实政策评估原理如下:将时间 t(t=1, 2, …, T)分为政策干预前的 t_1(t_1=1, 2, …, T_1)和 t_2(t_2=T_1+1, …, T)两个区间。若干单元中受到政策干预影响的某单元(试验组)定义为 Y_{1T},未受政策干预影响的其他单元(控制组)定义为 Y_{it}(i=2, 3, …, N; t=1, 2, …, T)。而 T_{1t} 在 t_1=1, 2, …, T_1 的时间段范围内,即未受政策干预影响时记为 $Y_{1t} = Y_{1t}^0$;Y_{1t} 在 t_2=T_1+1, …, T 的时间段范围内,即受政策干预影响时记为 $Y_{1t} = Y_{1t}^1$,若 t_2=T_1+1, …, T 时的政策执行效果记为 Δ_{1t},则 $\Delta_{1t} = Y_{1t}^1 - Y_{1t}^0$。

由于 t_2=T_1+1, …, T 时,Y_{1t}^0 不可知,需要反事实拟合得到各期值。在若干单元都受到共同因子驱动的情况下,通过因子模型 $Y_{it}=b_if_t+\alpha_i+\varepsilon_{it}$ 对 Y_{1t}^0 进行预测,得到反事实值 $\hat{Y}_{1t}^0$,此时 $\hat{\Delta}_{1t} = Y_{1t}^1 - \hat{Y}_{1t}^0$,$\hat{\Delta}_{1t}$ 是 Δ_{1t} 的一致估计量。由于中国已设立和未设立自贸试验区的省份都受到国内外宏观经济政策影响,这可以视为共同因子,因此可以将控制组 Y_{it} 中的若干单元组成最优控制组 $\tilde{Y}_{it}$,再通过加权合成最优控制组 $\tilde{Y}_{it}$ 中各省份的 Y_{1t}^0 代替 f_t 来拟合得到反事实值 $\hat{Y}_{1t}^0$,进而得到政策干预影响后的政策执行效果 $\hat{\Delta}_{1t}$。

2. 最优控制组选择方法

构建反事实的关键是要找到一组能够拟合假定未受政策干预情况的最优控制组,选择最优控制组的方法是:从 i=1 开始,在 N-1 个未设立自贸试验区的省份中通过任选 n 个省份的方法得到 C_{N-1}^n 种组合,再

根据 $y_{1t}^0 = \delta + \beta y_{it}^0$（δ 和 β 均为待估计系数，$t=t_1=1,2,\cdots,T_1$）对 C_{N-1}^n 种组合分别进行回归，依据 AIC 准则从中筛选得到最优的控制组组合。

（二）数据来源及组别对象

选用工业增加值月度同比增长率作为衡量指标，月度数据来源于国研网统计数据库。由于中国经济进入新常态的一个重要标志是自 2012 年起经济增长率开始跌破 8%，这是进入 21 世纪以来首次，并且至今一直呈现持续下行趋势，因此考察周期选择以 2012 年作为起始年度。2018 年 10 月海南自贸试验区正式设立，为减少海南自贸试验设立对本研究的影响，考察周期的时间节点就控制在 2018 年 9 月。此外，国研网数据库中大多数年份未统计 1 月和 2 月的衡量指标数据，因此统一不考虑考察周期内各年度中这两个月的数据。由此本研究考察的月度时间周期为 2012 年 3 月（记为 2012M3，下同）至 2018 年 9 月（记为 2018M9），共计 67 期，其中政策干预前的时间区间为 2012M3—2017M3，政策干预后的时间区间为 2017M4—2018M9。

试验组由辽宁、吉林和黑龙江组成。控制组不包括第一批、第二批和第三批设立自贸试验区的省份，以及实行不同经济制度的中国香港、中国澳门、中国台湾三地，其由北京、内蒙古、山西、河北、山东、江苏、江西、安徽、湖南、贵州、西藏、云南、广西、海南、新疆、青海、甘肃、宁夏共计 18 个省（自治区、直辖市）组成。

（三）描述性统计分析

在图 5-1 中，以垂直虚线为界，将整个考察周期分为政策干预前（自贸试验区设立前）和政策干预后（自贸试验区设立后）两个时间段区间，垂直虚线指向的时点为 2017M4。

根据图 5-1 观察辽宁自贸试验区设立前后东北三省各自的工业增加值月度同比增长率变动情况。通过对比垂直虚线左右两侧的趋势线波动可知，在 2017M4 期之前，辽宁、吉林和黑龙江三省的工业增长均呈现总体逐期下降的趋势，其中，吉林和黑龙江两省的下降趋势较平缓，而辽宁的下降趋势更陡峭。在 2017M4 期之后，东北三省的趋势线波动表现出两大特征：首先，在2017M4—2018M9区间，三省并未延续2012M3—2017M3期间工业增长下降的趋势，反而呈现出总体上升趋势，特别是辽宁的反弹上升趋势更显著。其次，相较于政策干预之前的下降趋势，东北三省的工业增长在政策干预后波动幅度显著增大。其中，2017M4—2018M9期间，辽宁的波幅最大，吉林和黑龙江的波动总体属于波浪形，波峰和波谷围绕横轴的平行线交替出现。由此，可以推测2017M4之后东北三省工业增长可能受到了自贸试验区设立的影响。但是否真正由自贸试验区引致、是否还受到其他未知因素的影响、自贸试验区驱动的具体效果如何？这需要反事实检验进一步论证。

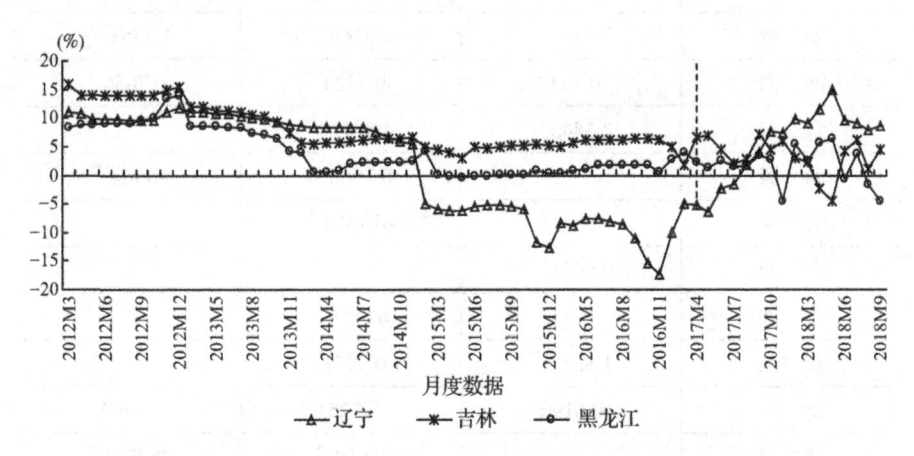

图 5-1 东北三省各自的工业增加值月度同比增长率趋势线

三、反事实结果及分析

（一）最优控制组的筛选结果

根据 AIC 准则和拟合优度 R^2 筛选得到能够拟合东北三省各自工业增长反事实情况的最优控制组（见表5-1）。根据表5-1，三组最优控制组选取结果的 AIC 值很小，调整后的拟合优度 R^2 分别为0.96、0.98、0.99，都属于高度拟合，同时三组最优控制组的各个权重都在10%、5%或者1%的显著性水平下显著，因此最优控制组的选取均合理可靠，预期均可以拟合得到满意的反事实值。

表 5-1 东北三省各自的最优控制组及权重

控制组	试验组 辽宁	试验组 吉林	试验组 黑龙江
北 京			
内蒙古			0.8696***
山 西			0.2362***
河 北	−0.6773***	−0.2255**	
山 东			−0.5113***
江 苏	3.0052***	1.2201***	−0.3841**
江 西			0.3275***
安 徽		0.8269***	1.2553***
湖 南	−0.7213*	−0.7224***	−0.7656***
贵 州	2.3445***	1.8029***	
西 藏		0.1908***	0.1164***
云 南		−0.2374***	
广 西	0.9981***		
海 南		0.0819**	
新 疆	1.3647***	−0.3951***	
青 海	−0.8190**	−0.2251*	−0.1802**
甘 肃		−0.5595***	−0.2324***
宁 夏	−1.4705***	0.4894***	0.2366***
数 量	8	12	11
常数项	−45.04	−20.93	−7.77
调整后 R^2	0.96	0.98	0.99
AIC 取值	4.19	1.96	1.08

注：*、**、***分别表示在10%、5%、1%的水平上显著。

（二）驱动辽宁工业增长情况

根据图 5-2，对比观察 2012M3—2018M9 期间辽宁工业增长的实际值趋势与反事实值趋势的同步情况，可以发现从 2017M5 开始两者出现显著的差距，离散程度越来越大。而在之前的 2012M3—2017M4 期间，两者趋势却是基本一致，同步性很强。这一方面说明政策干预前的反事实值拟合效果可靠，可以得到政策干预后令人满意的预测效果，另一方面也表明自贸试验区设立对辽宁工业增长影响显著。此外，由于自贸试验区设立的时间是2017M4，早于2017M5，这说明"自贸试验区驱动"效果的发挥滞后一期，略具时滞性特征。

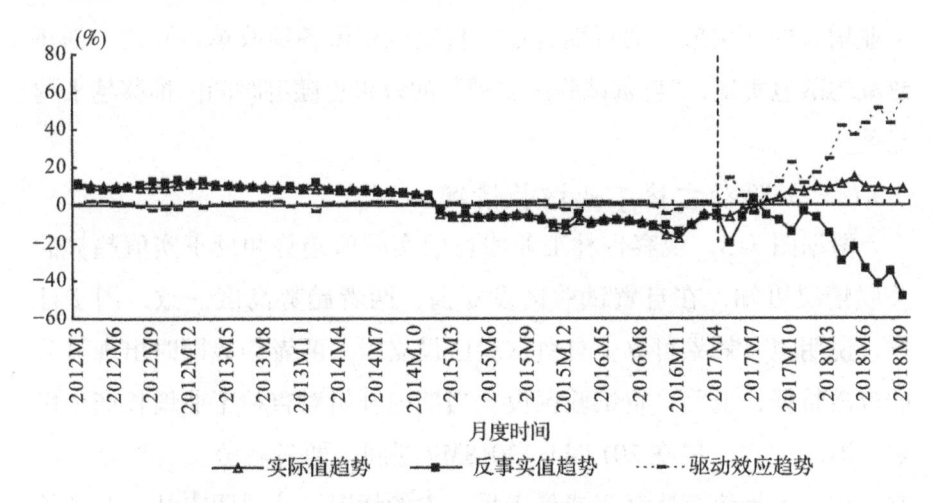

图 5-2 辽宁工业增加值月度同比增长率的实际值、反事实值和驱动效应趋势

表 5-2 政策干预后辽宁工业增长的自贸试验区驱动效应及其均值

单位：%

月度时间	2017M4	2017M5	2017M6	2017M7	2017M8	2017M9	2017M10	2017M11	2017M12
驱动效应	-0.72	14.04	4.53	-4.78	7.21	12.32	21.96	11.20	16.83
月度时间	2018M3	2018M4	2018M5	2018M6	2018M7	2018M8	2018M9	均值	
驱动效应	24.21	41.48	37.20	43.20	51.07	43.12	57.20	23.76	

结合图5-2和表5-2分析驱动效应（某期实际值减去同期反事实值即为当期的驱动效应）趋势可知，自贸试验区在2017M4设立后，随

着时间的推移，驱动效应在波动中呈现快速提升的趋势，从2017M4的 –0.72% 提高到2018M9的57.20%。均值为23.76%，说明2017M4—2018M9期间，自贸试验区平均驱动辽宁工业增加值月度同比增长率提升了23.76个百分点。因此，自贸试验区对辽宁工业增长驱动力度极大，引致工业增长的集聚效应和溢出效应显著，已经成为驱动辽宁工业增长的新引擎。而且随着辽宁自贸试验区各项改革、开放、创新政策的落地实施，"自贸试验区驱动"的效果也随着时间的推移越来越显著。

（三）驱动吉林工业增长情况

根据图5-3，观察吉林工业增长的实际值趋势和反事实值趋势的关联情况可知，在自贸试验区设立前，两者趋势高度一致，同步性强，说明拟合效果可靠。自贸试验区设立后，两者趋势即时出现显著的离散特征，说明自贸试验区设立当期即开始对吉林工业增长产生影响，即时性强。但在2017M4—2018M9期间，两者趋势交替变动，没有出现一方趋势总体高于或低于另一方的情况，这说明吉林工业增长的"自贸试验区驱动"具有显著的不确定性和不稳定性。

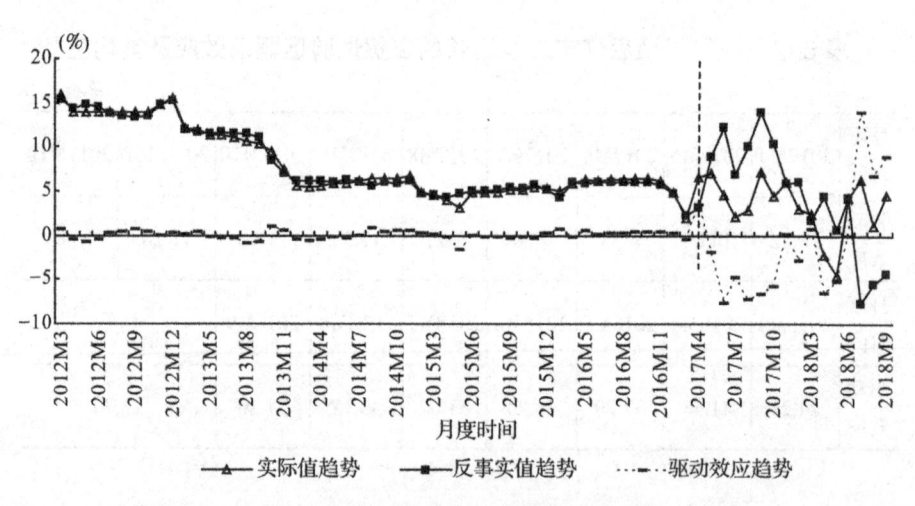

图5-3 吉林工业增加值月度同比增长率的实际值、反事实值和驱动效应趋势

综合图 5-3 和表 5-3 观察驱动效应趋势和数值可知，2017M4—2018M9 期间驱动效应趋势波动幅度较大，多数时期位于横轴下方。自贸试验区成立的 2017M4 当期对吉林工业增长有一个较强的正向驱动，驱动效应为 3.46%，之后长期是负向驱动，直到 2018M7—2018M9 才出现连续三期的强正向驱动，驱动效应分别为 14.00%、6.70%、8.86%。但 2017M4 至 2018M9 期间的驱动效应均值为 -0.95%，则说明政策干预后自贸试验区平均驱动吉林工业增加值月度同比增长率下降了 0.95 个百分点。因此，可能由于地理位置上毗邻的缘故，考察期内"自贸试验区驱动"带给吉林工业增长更多的是虹吸效应，引致吉林的优质资源要素流入自贸试验区所在的省份辽宁，一定程度上阻碍了吉林的工业增长。

表 5-3 政策干预后吉林工业增长的自贸试验区驱动效应及其均值

单位：%

月度时间	2017M4	2017M5	2017M6	2017M7	2017M8	2017M9	2017M10	2017M11	2017M12
驱动效应	3.46	-1.87	-7.70	-4.77	-7.25	-6.72	-5.87	0.16	-2.99
月度时间	2018M3	2018M4	2018M5	2018M6	2018M7	2018M8	2018M9	均值	
驱动效应	0.70	-6.61	-5.23	-0.04	14.00	6.70	8.86	-0.95	

（四）驱动黑龙江工业增长情况

观察图 5-4 显示的黑龙江工业增长的实际值趋势和反事实值趋势可以发现，在政策干预之前的 2012M3—2017M3 期间两者趋势高度重合，说明反事实值拟合效果好，可以对政策干预后的反事实情况进行有效拟合。2017M4—2018M9 期间，两者趋势明显呈现显著的离散特征，差距较大，表明自贸试验区开始对黑龙江工业增长产生驱动影响，而驱动影响的方向及力度可根据驱动效应的趋势及取值进行具体判断。

综合观察图 5-4 和表 5-4 驱动效应的变动可知，2017M4—2018M9 期间驱动效应趋势波动显著，多数时期内自贸试验区都是正向驱动黑龙江工业增长，但在 2017M5、2017M11、2018M6、2018M8、2018M9 五期的驱动效应是负值。2017M4—2018M9 期间的驱动效应均值为 1.20%，说明"自贸试验区驱动"平均促进黑龙江工业增加值月度同比增长率提升了 1.20 个百分点。因此，可以判断自贸试验区设立对黑龙江工业增长产生了一定的积极辐射效应。

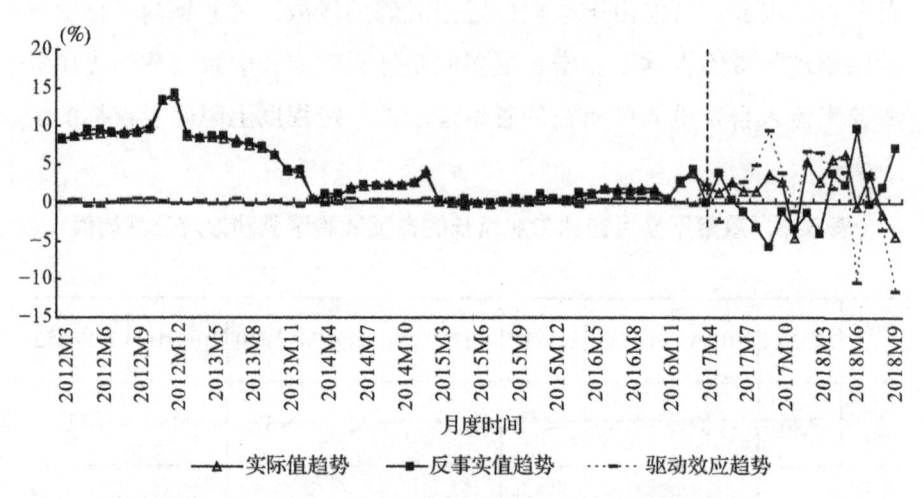

图 5-4 黑龙江工业增加值月度同比增长率的实际值、反事实值和驱动效应趋势

表 5-4 政策干预后黑龙江工业增长的自贸试验区驱动效应及其均值

单位：%

月度时间	2017M4	2017M5	2017M6	2017M7	2017M8	2017M9	2017M10	2017M11	2017M12
驱动效应	2.30	-2.52	2.27	2.71	4.80	9.32	3.91	-1.13	6.73

月度时间	2018M3	2018M4	2018M5	2018M6	2018M7	2018M8	2018M9	均值	
驱动效应	6.62	1.87	4.09	-10.41	3.91	-3.53	-11.67	1.20	

（五）稳健性检验

上述实证结果是否稳健？是否还存在其他随机或偶发因素影响了2017M4—2018M9期间东北三省工业增长的上述驱动效应？需要通过稳健性检验进行确认。采取通用的安慰剂检验方法，将政策干预的时间提前若干期考察东北三省工业增长的驱动效应情况，若驱动效应仍然是从真实政策干预的时点才发生显著波动，则通过稳健性检验，反之则反。本研究选取将辽宁自贸试验区设立时间随机提前一年（假定设立时间为2016M4）的方法进行稳健性检验（见表5-5）。

根据表5-5显示的驱动效应检验结果，设立时间提前至2016M4后，在2012M3—2016M3期间，东北三个省份的驱动效应均控制在[-1%，1%]区间内，表明拟合效果满意可靠。分别纵向比较东北三省各自的驱动效应情况可知，各个省份的驱动效应均未从2016M4开始出现显著波动，其中辽宁工业增长的驱动效应从2016M9开始出现小幅波动，2016M9—2016M12各期驱动效应绝对值在3%上下波动，但直至2017M3才开始出现显著波动，其中，2017M3的驱动效应达到25.49%，2017M3—2018M9期间的波幅超过80%。吉林工业增长的驱动效应也从2017M3开始出现显著波动，2017M3的取值达到-5.35%，2017M3—2018M9期间的波幅超过18%。黑龙江工业增长的驱动效应从2017M4开始出现显著波动，2017M4的驱动效应为2.26%，2017M3—2018M9期间的波幅超过19%。因此可以肯定前述反事实实证结果具有稳健性，2017M4开始出现的实际值与反事实值离散程度加大现象的确是由于自贸试验区的设立引致的，可以排除其他随机或偶发因素的干扰。

四、研究结论及优化路径

（一）研究结论

本章以2012M3—2018M9为考察周期，运用合成控制的反事实方法对辽宁自贸试验区驱动东北三省各自的工业增长情况进行实证研究，

表 5-5　辽宁自贸试验区设立时间提前一年后东北三省工业增长的自贸试验区驱动效应

单位：%

月度时间	提前一年的驱动效应			月度时间	提前一年的驱动效应			月度时间	提前一年的驱动效应		
	辽宁	吉林	黑龙江		辽宁	吉林	黑龙江		辽宁	吉林	黑龙江
2012M3	0.22	0.70	-0.12	2014M6	-0.16	-0.16	0.39	2016M9	-2.25	1.07	1.98
2012M4	0.84	-0.22	0.14	2014M7	0.81	-0.33	-0.09	2016M10	-2.48	0.91	0.01
2012M5	0.21	-0.16	-0.25	2014M8	1.02	0.28	0.14	2016M11	-3.95	1.01	0.44
2012M6	-0.10	-0.24	-0.12	2014M9	0.00	0.08	-0.08	2016M12	2.65	0.60	1.33
2012M7	0.04	-0.09	0.21	2014M10	0.37	0.30	-0.02	2017M3	25.49	-5.35	0.30
2012M8	-0.89	-0.04	0.08	2014M11	0.28	0.56	-0.03	2017M4	13.94	-2.82	2.26
2012M9	-0.95	-0.10	0.07	2014M12	0.22	-0.16	-0.02	2017M5	8.59	2.13	2.51
2012M10	-0.63	-0.03	0.31	2015M3	0.44	0.33	0.12	2017M6	-2.88	-2.36	4.15
2012M11	0.22	-0.18	0.02	2015M4	-0.51	-0.44	-0.33	2017M7	8.78	-1.63	4.79
2012M12	0.99	0.11	-0.26	2015M5	-0.45	-0.97	-0.45	2017M8	21.25	-1.58	9.09
2013M3	-0.87	0.01	-0.27	2015M6	-0.82	0.62	0.06	2017M9	-3.34	4.66	13.74

第五章 自贸试验区是否助力了东北地区工业振兴——来自辽宁自贸试验区的反事实证据

续表

月度时间	提前一年的驱动效应			月度时间	提前一年的驱动效应			月度时间	提前一年的驱动效应		
	辽宁	吉林	黑龙江		辽宁	吉林	黑龙江		辽宁	吉林	黑龙江
2013M4	-0.09	0.16	0.05	2015M7	-0.01	0.33	-0.10	2017M10	19.40	0.85	6.45
2013M5	0.99	-0.06	0.03	2015M8	0.24	0.18	0.09	2017M11	17.77	2.79	0.29
2013M6	1.21	0.51	0.22	2015M9	0.28	0.19	0.12	2017M12	29.02	1.19	10.81
2013M7	-0.31	0.17	0.48	2015M10	0.57	0.19	0.19	2018M3	30.02	-1.59	6.44
2013M8	-0.79	-0.33	-0.22	2015M11	-0.25	-0.11	-0.03	2018M4	69.69	-7.62	3.73
2013M9	-0.25	-0.48	-0.26	2015M12	0.17	-0.43	0.23	2018M5	74.73	-11.38	4.68
2013M10	-0.97	0.21	-0.03	2016M3	-0.66	-0.09	0.09	2018M6	73.88	-3.33	-5.95
2013M11	-0.41	0.21	0.04	2016M4	-0.11	0.67	0.97	2018M7	77.96	7.21	8.28
2013M12	-0.54	-0.41	0.09	2016M5	0.06	1.32	1.18	2018M8	64.12	-1.42	-0.69
2014M3	0.37	-0.29	-0.16	2016M6	0.20	0.82	1.60	2018M9	69.81	3.27	-4.34
2014M4	0.20	0.09	-0.19	2016M7	-0.42	0.01	1.91				
2014M5	-0.01	0.08	-0.16	2016M8	-0.15	0.93	1.00				

93

试图检验辽宁自贸试验区是否起到振兴东北老工业基地发展的"新引擎"作用。研究发现产生如下影响。

1. 辽宁自贸试验区对东北工业增长总体有较显著的影响

对比观察自贸试验区设立前后的驱动效应情况，发现自贸试验区设立之前的 2012M3—2017M3，东北三省各自的实际值和反事实值拟合程度都很高，一致性和同步性强，这都表明政策干预后的反事实值拟合同样也可靠满意。自贸试验区设立之后的 2017M4—2018M9，东北三省各自的实际值和反事实值趋势明显都出现差距加大、离散增强的情况，引致驱动效应的波动程度显著变化，表明"自贸试验区驱动"对东北三省各自的工业增长产生了驱动影响，稳健性检验也证实驱动效应的波动是由自贸试验区设立引致的，排除了其他随机偶发因素的干扰。

2. "自贸试验区驱动"对东北三省工业增长的驱动影响存在个体间的显著异质性，具体体现在驱动方向、驱动力度和驱动波幅方面

（1）在驱动方向和驱动力度方面，辽宁自贸试验区极大驱动了辽宁工业增长，平均驱动辽宁工业增加值月度同比增长率提升了 23.76 个百分点，"新引擎"作用名副其实，这种正向强驱动反映出自贸试验区先行先试的改革措施解放了工业生产力，显著吸引优质生产要素和资源向所在省份（辽宁）集聚，进一步激发了工业经济活力，且在自贸试验区三个片区（大连片区、沈阳片区、营口片区）的共同驱动下，辽宁全省工业显著增长，表明片区工业经济的溢出拉动效果积极满意，因此辽宁自贸试验区对辽宁工业增长的集聚和溢出效应明显。辽宁自贸试验区对吉林工业增长的影响整体为负向虹吸作用，表现为自贸试验区设立后平均驱动吉林工业增加值月度同比增长率下降了 0.95 个百分点，考察周期内负向的驱动效应占主流，而短期内自贸试验区会对所在省周边省市的经济产生负面影响（滕永乐和沈坤荣，2014），吉林毗邻辽宁，属于辽宁自贸试验区的周边省份，因此更多呈现出虹吸效应。辽宁自贸试验区对黑龙江工业增长的辐射效应一般显著，自贸试验区设立后平均驱动黑龙江工业增加值月度同比增长率提升了1.20个百分点，属于正向弱驱动，表明辽宁自贸试验区对黑龙江工业增长的积极影响仍有限，辐射带动能力有待提升，这应该也是2019年8月国家又在东北地区设立了黑龙江自贸试验区的缘由之一。

（2）在驱动波幅方面，自贸试验区设立后，对辽宁的驱动效应波幅最大，总体持续上升，从2017M4的-0.72%提升到2018M9的57.20%。对吉林的驱动效应波幅居中，呈现先抑后扬的显著趋势，从2017M4的3.46%下降到2017M6的-7.70%和2018M4的-6.61%，再回升到2018M9的8.86%。对黑龙江的驱动效应波幅相对平缓，波峰和波谷多次交替出现。由此可判定，辽宁自贸试验区仅对所在地辽宁的工业增长有极其显著的正向驱动，相较之下，对吉林和黑龙江工业增长所起到的"鲇鱼效应"效果尚不十分显著。

（二）优化路径

为使辽宁自贸试验区更好地促进东北地区的工业振兴，发挥好"自贸试验区驱动"的影响效能，东北三省需要充分利用好自贸试验区的改革红利，借助这一优质平台和政策高地，基于整体和局域的二维视角进行工业发展路径的优化设计。

1. 从东北整体层面

（1）加强省际协同。辽宁、吉林和黑龙江三个省份首先要树立工业发展的省际协同观念，从东北全域视角做好生产要素重新配置和生产力的优化布局，摒除要素、资源正常流动的政策阻碍。

（2）精细省际分工。自贸试验区所在的辽宁要发挥好领头羊作用，而作为周边省份和腹地区域的吉林和黑龙江要做好支持、对接、配套和融入工作，为联动发展做好配角。

2. 从省份局域层面

（1）积极主动对接自贸试验区。三个省份都要积极向辽宁自贸试验区靠拢，持续了解和学习自贸试验区的"先行先试"发展经验，各自做好省内工业企业转型升级工作，充分发挥好自贸试验区激活区域工业发展活力的"鲇鱼效应",以及工业产业发展的正面集聚效应、辐射效应、联动效应。

(2)知彼知己,错位竞争。三个省份都要找到本省工业发展对接辽宁自贸试验区的优势和堵点,结合本省工业基础和发展实际,从政策制定、制度创新、技术支持、平台搭建、市场衔接、设施配套等多角度整合,提出具体的改革举措,发挥本省的比较优势,错位开展工业生产分工和产品竞争,力争与辽宁自贸试验区形成工业发展有机联系的供应链、物流链、需求链、产业链、区块链。以辽宁自贸试验区为抓手和纽带,实现三省之间的工业设施互联互通、工业产业协同发展、工业成果对接转化、工业市场共建共享,以及工业的全面融合、全面协同、全面联动。

(3)借鉴学习和汲取经验。积极走出去学习其他省市对接和融入国内各个自贸试验区的经验和做法,比如安徽对接上海自贸试验区,江西对接广东自贸试验区,贵州对接重庆、四川自贸试验区等,通过外部借鉴获得省际经验。

需要强调的是,本研究仅考察了短期内自贸试验区的工业增长效应,随着辽宁自贸试验区的不断改革、创新和开放,各项政策的落实、完善和生效,中长期的自贸试验区工业增长效应可能会有较大不同,尚待进一步探究。

第六章 "丝绸之路经济带"沿线中国自贸区建设的经济产业效应

——对九大重点行业的 GTAP 模拟

一、引言

根据"十四五"规划和 2035 年远景目标纲要提出的要求,"推动共建'一带一路'高质量发展""构建高标准自由贸易区网络""深化国际产能合作"都是今后政府重点推动的工作。而这些工作内容之间存在明显共性,均为中国实现贸易强国、贸易高质量发展、更高水平开放型经济新体制建设目标的重要抓手,因而将这些工作耦合推动势必会起到事半功倍之效果。

"一带一路"倡议和自贸区战略耦合关联。"丝绸之路经济带"作为"一带一路"的陆路通道和主体,覆盖中国已签协议、正在谈判、正在研究、有意向谈判的一系列自贸区。而自贸区战略自从在党的十七大会议上被确定为国家级战略以来,不断被赋予新的开放重任和历史使命,特别是在新冠疫情、逆全球化、单边主义交织的当下全球环境下,中国仍然频频在"一带一路"沿线祭出推动区域经济一体化的"重拳",凸显出中国希望依托沿线自贸区贯通沿线外循环的意愿。

现有围绕"一带一路"、自贸区、产能合作的研究成果丰硕,既对"一带一路"与自贸区的联动关系进行了界定,如肯定二者之间的依存性(陈淑梅,2015;李猛,2017)、提出促进发展举措(韩剑等,2017;张国军,2017)等;又实证考察"一带一路",包括"丝绸之路经济带"引致的"一揽子"经济效应,如企业升级(王桂军和卢潇潇，2019）、投资促进（吕越等，2019）、空间溢出（杨春蕾和张二震，2020），以及贸易效率和潜力（李学武和顾成军，2018）、贸易联通（张伟伟和马野驰，2019）、贸易开放（刘秉镰和秦文晋，2020）等。总体肯定了"一带一路"倡议驱动沿线产能合作的积极作用（陈继勇等，2017；张为付和方启妍，2019）。但研究尚有短板：一是多定性剖析"一带一路"与自贸区建设两者的逻辑关系，缺乏以产业国际合作为纽带的实证讨论。二是在实证考察"一带一路"经济效应、"一带一路"促进产能合作时以自贸区为嵌入视角的研究不足。本研究以重点行业国际合作为切入点，拟考察国际外循环背景下"一带一路"沿线自贸区建设引致的经济产业效应。研究对微观企业如何借助沿线自贸区外循环进行生产、投资、贸易、市场开拓等有参考价值，对中观行业加快过剩产能输出、稳定进口渠道、向产业链高端跃升有指导意义，对宏观国家深化供给侧结构性改革、畅通外循环、实现更高水平开放有推动作用。

二、理论基础

（一）贸易开放的经济产业效应

绝对优势理论提倡自由经济，认为自由经济的作用结果是正和博弈，参与各方都会获利，为贸易自由开放的持久发展提供了学理支撑。比较优势理论和要素禀赋理论分别指出生产率相对差异、要素禀赋差异。基于要素禀赋理论衍生而来的斯托帕-萨缪尔森定理、罗伯津斯基定理、特定要素模型进一步细化明确了贸易开放引致的价格、生产、要素效应问题。新贸易理论将视角转向产业内贸易，代表性的规模经济理论、产品生命周期理论、重叠需求理论探讨了贸易开放的原因及影响，指出贸易结果总体积极正向，表现为可供给更多类别的产品、增强竞争、技术进步等。新新贸易理论认为一国通过贸易开放会提高一类产业乃至整个国家的生产率，但同时自由贸易也可能会负面冲击落后地区的发展。

（二）自贸区建设的经济效应

（1）关税同盟理论是自贸区经济效应的理论基石，其认为区域经济一体化会引致发生出口扩大效应，通过扩大商品出口提高行业效益。

利用局部均衡分析关税同盟引致出口扩大的经济逻辑。图6-1左右两边分别代表经济体A、B对商品X的供需，其中A产能过剩，是出口方，B产能不足，是进口方。纵横、横轴分别表示商品X的价格P、数量Q。初始状态下，B的进口价格为P_1，进口量为fg，关税水平是P_1P_W，此时A和C（世界其他经济体）均是B的出口方，其中A的出口量为bc（bc=fm），mg为C的出口量。假定A和B缔结关税同盟，形成大市场AB，则B在取消对A的关税后，会继续维持对C的原关税水平（出现贸易歧视）。此时C的出口价格P_1大于A的出口价格P_W，C由于价格劣势将丧失B的出口市场，其市场份额由A代替（贸易转移效应），而A由于取消关税后的价格优势将独占对B的X出口，市场份额不断上升（贸易创造效应）。短期内A的出口供不应求，价格会由P_W提升并长期稳定至P_2。此时，A国的出口量ad恰好等于B国的进口量eh，达到市场出清。对比关税同盟成立前后A的出口量大小可知，ad>bc，因此关税同盟引致出口扩大。

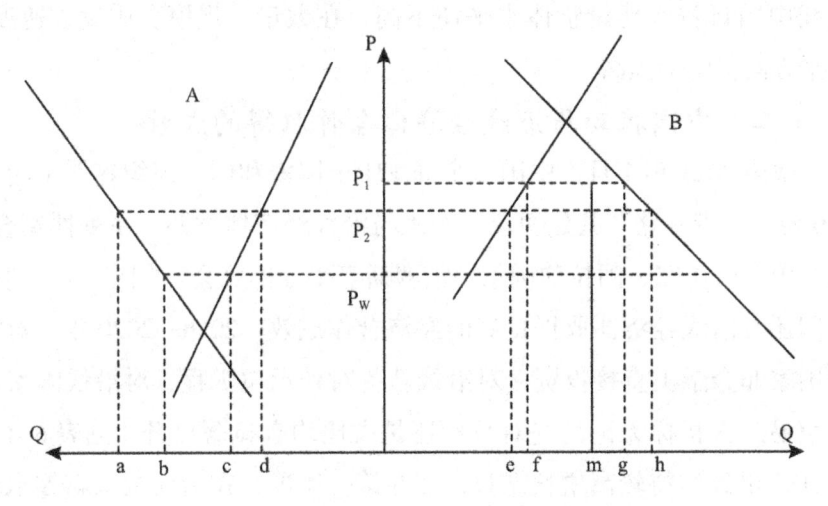

图6-1 关税同盟扩大出口的经济逻辑

（2）在关税同盟理论的基础上，罗布森（2001）基于自贸区异质性提出了专门的自贸区经济理论。该理论通过构建一国模型和两国模型，在对贸易创造效应、转移效应、生产效应、消费效应、关税效应，以及贸易条件效应进行综合分析后，认为自贸区建设对参与各方都有较显著的经济影响，同时也会对非成员方产生一定外部影响。

国际外循环、"一带一路"和自贸区都是中国扩大开放的重要抓手，基于上述理论观点可推断这些开放举措会对中国经济贸易增长、产业国际合作等产生影响，本章将展开针对性研究。

三、沿线中国自贸区建设及经济合作概况

（一）沿线中国自贸区建设现状

"丝绸之路经济带"以中国为原点，向外辐射出北、中、南三大线路，覆盖我国在建的"一揽子"自贸区。截至2020年11月，沿线中国已签协议的自贸区伙伴有柬埔寨、瑞士、新加坡、巴基斯坦、东盟、格鲁吉亚，正在谈判的自贸区伙伴有海湾合作委员会、以色列、挪威、摩尔多瓦、巴勒斯坦，正在研究的自贸区伙伴主要是尼泊尔、孟加拉国、蒙古。此外，中国有意愿与欧盟、欧亚经济联盟建设自贸区。但沿线中国自贸区建设整体水平还不高，在数量、规模、质量、速度、水平方面仍亟待提高。

（二）中国推动与沿线经济体合作取得的成效

截至2021年1月，中国与全球171个国家和国际组织签署了超过200份"一带一路"共建协议。积极与沿线经济体举办一系列博览会，如与中东欧国家、阿拉伯国家、俄罗斯等举办博览会。"十三五"期间中国还与沿线经济体取得良好的经济合作成效，2016—2020年，对沿线国家非金融类直接投资、对沿线新签对外承包工程、对沿线国家货物贸易三大指标无论是绝对总额还是占比均有显著提升（见表6-1）。2021年继续维持较高增长态势，如在第一季度，在沿线国家新签承包工程合同额、完成营业额分别达到313.4亿美元、177.5亿美元，同比

增长 19.4%、12.4%。

表 6-1 中国推动与沿线经济体经济合作取得的成效

年份	对沿线国家非金融类直接投资		对沿线新签对外承包工程		对沿线国家货物贸易	
	金额（亿美元）	占 OFDI 总额比重（%）	合同额（亿美元）	占对外承包工程新签合同额比重（%）	总额（万亿元）	占总货物贸易总额比重（%）
2016	145.3	8.5	1260.3	51.6	6.3	47.7
2017	143.6	12.0	1443.2	54.4	7.4	47.7
2018	156.4	13.0	1257.8	52.0	8.4	50.7
2019	150.4	13.6	1548.9	59.5	9.3	52.8
2020	177.9	16.2	1414.6	55.4	9.4	56.7

注：数据来源于中国"一带一路"网、中国商务部、国家统计局。由于权威公开数据均以"一带一路"为统计基准，鲜见"丝绸之路经济带"的上述单独数据，考虑到"一带"是主体，因而表 6-1 对"一带一路"的统计结果能够基本反映出"一带"的发展方向和趋势。

四、GTAP 模拟的前提设置

选用 GTAP9.0 版数据库，以 2011 年为基期，包括全球 140 个经济体、57 个行业的基础数据等。配合 GTAPAgg 软件对经济体和部门进行规整，并采用 RunGTAP3.75 默认的标准闭合法则及 Gragg2-4-6 的外推求解方法。

（一）经济体归整

沿线中国自贸区可分为已签、在谈、在研、可接触四大类，从后三类中选取代表性经济体进行研究，选取欧盟、挪威、英国作为欧洲地区的代表，海合会、印度、欧亚经济联盟分别作为西亚、南亚、中亚地区的代表，俄罗斯单列（见表 6-2）。

表 6-2 对 GTAP9.0 数据库的经济体归整结果

区域位置	代表性经济体	主要成员
东亚	中国	中国大陆
欧洲	欧盟	全部 27 个成员国
	挪威	挪威
	英国	英国
西亚	海合会	阿联酋、阿曼、巴林、卡塔尔、科威特、沙特阿拉伯
南亚	印度	印度
中亚	欧亚经济联盟	白俄罗斯、哈萨克斯坦、亚美尼亚、吉尔吉斯斯坦
俄罗斯	俄罗斯	俄罗斯
其他区域	全球其他经济体	数据库中的其他经济体

（二）行业归整

依据国务院发布的《关于化解产能严重过剩矛盾的指导意见》《关于推进国际产能和装备制造合作的指导意见》，以及国家发展改革委发布的《关于做好 2020 年重点领域化解过剩产能工作的通知》可知，钢铁、有色、建材、铁路、电力、化工、轻纺、汽车、通信、工程机械、航空航天、船舶和海洋工程等是现阶段中国对外推介的重点行业。因而利用 GTAPAgg 软件将 GTAP9.0 数据库内含的全部行业归整为钢铁类、建材类、化工类、矿产类、能源类、运输设备类、电力类、机械设备类、轻纺类和其他类。

（三）情景设置

采用进口关税壁垒（TMS）、非关税壁垒（技术性贸易壁垒 AMS）作为政策冲击变量。考虑沿线各经济体的经济发展，以及近年来中国自贸区的开放水平，设置以下情景。

情景一：关税削减 80%。

情景二：关税削减 80%、非关税壁垒削减 5%。

情景三：关税削减 90%。

情景四：关税削减90%、非关税壁垒削减15%。

情景五：关税削减100%。

情景六：关税削减100%、非关税壁垒削减25%。

五、GTAP模拟的经济与产业效应结果分析

（一）单维情景下的效应分析

1. 情景一

经济效应表现为会驱动中国GDP增长0.18%，经济福利增加26984.09百万美元，贸易条件改善0.75%，但对中国各自贸区伙伴的影响迥异，其中欧盟综合获益相对更大，挪威、英国、俄罗斯次之，对印度、欧亚经济联盟、海合会的负面影响更强（见表6-3）。

表6-3 情景一下沿线自贸区建设的经济效应

类　别	中国	英国	挪威	印度
GDP总量指数（%）	0.18	0.03	0	0.03
经济福利增幅（百万美元）	26984.09	626.86	42.23	−1746.69
贸易条件变动（%）	0.75	−0.01	0.02	−0.42
	俄罗斯	欧盟	欧亚经济联盟	海合会
GDP总量指数（%）	0.03	0.02	0.01	0
经济福利增幅（百万美元）	452.85	4 606.84	−146.95	−565.30
贸易条件变动（%）	−0.17	0.01	−0.21	−0.12

产业效应表现为会缩减中国电力类、建材类两大行业出口，其他行业出口均得到不同程度提升，特别是轻纺类出口受到最大驱动，提升12.47%，钢铁类、化工类出口也会提升4.04%、3.93%。在贸易平衡方面，会驱动轻纺类、电力类、钢铁类行业，实现贸易顺差70954.61百万美元、15010.71百万美元、7184.11百万美元，但其他行业贸易会出现不同程度的逆差，尤其是能源类、矿产类、运输设备类逆差程度更大。同

时，只利于轻纺类、建材类、钢铁类行业附加值的提高（见表6-4）。

表6-4 情景一下沿线自贸区建设的产业效应

类 别	电力类	化工类	轻纺类	钢铁类	运输设备类
出口总量变动（%）	-2.05	3.93	12.47	4.04	0.53
贸易收支变化（百万美元）	15010.71	-6956.61	70954.61	7184.11	-13816.53
产业附加值（%）	-1.32	-0.23	5.64	0.02	-1.11
类 别	机械设备类	建材类	矿产类	能源类	
出口总量变动（%）	1.27	-2.84	2.34	0.56	
贸易收支变化（百万美元）	-5987.97	-32.32	-19765.31	-20358.3	
产业附加值（%）	-1.00	0.75	-0.31	-0.60	

2. 情景二

在情景一的基础上考虑非关税壁垒削减后的经济效应，显示将驱动中国GDP增长0.69%，欧亚经济联盟、印度、海合会的GDP也将分别增长0.42%、0.29%和0.20%。在经济福利方面，中国经济福利增加85544.13百万美元，受益最大，而自贸区伙伴中欧盟的经济福利将增加25262.1百万美元，受益次之。继续改善中国贸易条件达到1.91%，但对自贸区伙伴贸易条件的影响偏弱或为负向（见表6-5）。

表6-5 情景二下沿线自贸区建设的经济效应

类 别	中国	英国	挪威	印度
GDP总量指数（%）	0.69	0.19	0.06	0.29
经济福利增幅（百万美元）	85544.13	3849.23	496.86	2426.32
贸易条件变动（%）	1.91	-0.07	0.09	-0.52
类 别	俄罗斯	欧盟	欧亚经济联盟	海合会
GDP总量指数（%）	0.14	0.19	0.42	0.20
经济福利增幅（百万美元）	3842.6	25262.1	1305.29	3112.01
贸易条件变动（%）	-0.02	-0.06	0.10	-0.10

产业效应显示将驱动中国各行业出口增长，尤其显著驱动能源类、轻纺类、钢铁类出口分别提高24.42%、15.12%、8.82%，同时对照这三类行业的贸易平衡变动，轻纺类、钢铁类的顺差分别提升80916.55百万美元、9691.66百万美元，这表明显著驱动了净出口，而能源类行业贸易逆差达到20943.88百万美元，这表明更利于该行业进口。运输设备类行业也遇到类似情况，出口增长1.05%，但贸易逆差为21741.28百万美元，这表明沿线自贸区建设会显著拉动其进口。观察产业附加值可知，对轻纺类、建材类、钢铁类行业存在正向驱动，其中对轻纺类的驱动最显著，达到6.27%，但并不利于其他六类行业提高附加值（见表6-6）。

表6-6 情景二下沿线自贸区建设的产业效应

类　别	电力类	化工类	轻纺类	钢铁类	运输设备类
出口总量变动（%）	1.17	7.00	15.12	8.82	1.05
贸易收支变化（百万美元）	25877.79	-12033.84	80916.55	9691.66	-21741.28
产业附加值（%）	-0.51	-1.24	6.27	0.37	-1.61
类　别	机械设备类	建材类	矿产类	能源类	
出口总量变动（%）	5.64	1.00	5.52	24.42	
贸易收支变化（百万美元）	-12588.19	51.88	-22656.81	-20943.88	
产业附加值（%）	-1.64	2.01	-0.52	-2.18	

3. 情景三

在情景一的基础上进一步提升自由化水平，在经济效应方面，将驱动中国经济增长0.20%，但对其他自贸区伙伴的影响整体较弱，如对英国的经济驱动仅为0.03%。对中国经济福利、贸易条件的影响正向显著，分别增加30375.27百万美元、改善0.85%，但对自贸区伙伴的经济福利和贸易条件的影响正负不一（见表6-7）。

表6-7 情景三下沿线自贸区建设的经济效应

类别	中国	英国	挪威	印度
GDP总量指数（%）	0.20	0.03	0	0.03
经济福利增幅（百万美元）	30375.27	711.00	46.17	-2119.86
贸易条件变动（%）	0.85	-0.01	0.02	-0.49
类别	俄罗斯	欧盟	欧亚经济联盟	海合会
GDP总量指数（%）	0.03	0.03	0.01	0
经济福利增幅（百万美元）	387.16	5096.36	-188.75	-653.64
贸易条件变动（%）	-0.20	0.01	-0.25	-0.14

在产业效应方面，不利于中国电力类、建材类行业出口增长，但驱动其他行业，尤其是轻纺类、钢铁类行业的出口提高显著。还会较大程度提高轻纺类、钢铁类行业的贸易顺差或者附加值，以及提高电力类行业的贸易顺差和建材类行业的贸易附加值，其他行业，如化工类、运输设备类、机械设备类、矿产类、能源类，均会同时出现贸易逆差、附加值下降（见表6-8）。

表6-8 情景三下沿线自贸区建设的产业效应

类别	电力类	化工类	轻纺类	钢铁类	运输设备类
出口总量变动（%）	-2.34	4.51	14.38	4.65	0.63
贸易收支变化（百万美元）	13681.04	-7350.77	77332.55	7409.26	-16868.29
产业附加值（%）	-1.51	-0.26	6.49	0.02	-1.28
类别	机械设备类	建材类	矿产类	能源类	
出口总量变动（%）	1.46	-3.23	2.68	0.63	
贸易收支变化（百万美元）	-8160.74	-68.72	-19819.88	-20212.61	
产业附加值（%）	-1.15	0.86	-0.36	-0.68	

4. 情景四

在情景二的基础上继续同时提高沿线自贸区的开放水平，结果显示在经济效应方面,将驱动中国GDP提高1.98%,经济福利增加229703.61百万美元,贸易条件改善4.46%。对自贸区伙伴的驱动整体也更加积极,如对欧亚经济联盟的GDP、经济福利、贸易条件将分别提高1.33%、增加4351.15百万美元、改善0.67%(见表6-9)。

表6-9 情景四下沿线自贸区建设的经济效应

类 别	中国	英国	挪威	印度
GDP总量指数(%)	1.98	0.59	0.20	0.91
经济福利增幅(百万美元)	229703.61	11704.76	1375.93	12252.39
贸易条件变动(%)	4.46	−0.22	0.14	−0.75

类 别	俄罗斯	欧盟	欧亚经济联盟	海合会
GDP总量指数(%)	0.41	0.59	1.33	0.70
经济福利增幅(百万美元)	11037.36	78233.23	4351.15	11335.57
贸易条件变动(%)	0.11	−0.20	0.67	−0.13

在产业效应方面,更加畅通的沿线国际外循环对中国重点行业国际合作都有利好,尤其是能源类贸易会更为活跃,在出口总量提高137.04%的同时,贸易逆差(净进口)也达到21888.5百万美元。轻纺类、钢铁类的出口变动也显著,增长率分别达到21.65%、22.13%。在贸易收支平衡方面,会继续扩大电力类、轻纺类、钢铁类和建材类的净出口,尤其是轻纺类,顺差高达103118.18百万美元,但化工类、运输设备类、机械设备类、矿产类行业的贸易逆差也持续扩大。在产业附加值方面,只有轻纺类、建材类、钢铁类、电力类行业的附加值会得到提高(见表6-10)。

表6-10 情景四下沿线自贸区建设的产业效应

类 别	电力类	化工类	轻纺类	钢铁类	运输设备类
出口总量变动(%)	8.47	16.43	21.65	22.13	3.26

续表

类别	电力类	化工类	轻纺类	钢铁类	运输设备类
贸易收支变化（百万美元）	49427.83	-22462.37	103118.18	16375.11	-42818.27
产业附加值（%）	1.17	-3.53	7.5	1.33	-2.85
类别	机械设备类	建材类	矿产类	能源类	
出口总量变动（%）	18.7	8.35	14.11	137.04	
贸易收支变化（百万美元）	-26074.46	126.66	-27488.93	-21888.5	
产业附加值（%）	-3.19	5.08	-0.89	-6.44	

5. 情景五

完全消除关税壁垒后的经济效应结果显示，沿线自贸区建设将驱动中国 GDP 总量增长 0.22%、经济福利增加 33739.80 百万美元、贸易条件改善 0.95%。相较之下，对自贸区伙伴的影响情况异质性特征明显，对欧盟的综合影响积极特征更强，尤其是经济福利将增加 5555.31 百万美元，而对欧亚经济联盟、海合会的影响整体消极（见表 6-11）。

表 6-11　情景五下沿线自贸区建设的经济效应

类别	中国	英国	挪威	印度
GDP 总量指数（%）	0.22	0.04	0	0.03
经济福利增幅（百万美元）	33739.80	799.11	49.77	-2535.04
贸易条件变动（%）	0.95	-0.01	0.03	-0.56
类别	俄罗斯	欧盟	欧亚经济联盟	海合会
GDP 总量指数（%）	0.03	0.03	0	0
经济福利增幅（百万美元）	288.43	5555.31	-236.27	-745.39
贸易条件变动（%）	-0.23	0.02	-0.28	-0.16

在产业效应方面，将驱动中国除电力类、建材类外的其他行业出口总量提高，尤其会显著驱动轻纺类、钢铁类、化工类行业出口，提

升幅度均高于5%，轻纺类行业甚至达到16.38%。结合贸易收支指标，轻纺类和钢铁类行业呈现贸易顺差，说明沿线自贸区建设更利好于这两类行业净出口，与之相反，建材类行业该指标为负值，说明依托沿线外循环建材类产品的进口更活跃。在附加值方面，有利于提高轻纺类、建材类、钢铁类行业的附加值，但对其他行业附加值的增加整体不利（见表6-12）。

表6-12 情景五下沿线自贸区建设的产业效应

类 别	电力类	化工类	轻纺类	钢铁类	运输设备类
出口总量变动（%）	−2.64	5.12	16.38	5.28	0.75
贸易收支变化（百万美元）	12317.81	−7755.47	83972.48	7639.07	−20149.58
产业附加值（%）	−1.7	−0.28	7.38	0.02	−1.47
类 别	机械设备类	建材类	矿产类	能源类	
出口总量变动（%）	1.66	−3.61	3.04	0.71	
贸易收支变化（百万美元）	−10425.16	−105.81	−19863.27	−20064.87	
产业附加值（%）	−1.29	0.97	−0.4	−0.77	

6. 情景六

相较其他五类情景，在经济效应方面，情景六下沿线自贸区建设对中国GDP总量、经济福利、贸易条件的提高或改善最大，表现为将驱动经济总量提升3.61%、经济福利增加402886.41百万美元、贸易条件改善7.05%。对自贸区伙伴的经济影响也显著，如将驱动欧盟经济总量提高1.09%、经济福利增加147452.23百万美元，印度经济总量提升1.66%，经济福利增加24522.53百万美元等。引致伙伴贸易条件的变动异质性也最明显，其中会改善欧亚经济联盟、挪威的贸易条件，但会恶化其他伙伴的贸易条件（见表6-13）。

表 6-13　情景六下沿线自贸区建设的经济效应

类　别	中国	英国	挪威	印度
GDP 总量指数（%）	3.61	1.07	0.38	1.66
经济福利增幅（百万美元）	402886.41	21451.68	2114.53	24522.53
贸易条件变动（%）	7.05	−0.4	0.04	−0.94

类　别	俄罗斯	欧盟	欧亚经济联盟	海合会
GDP 总量指数（%）	0.77	1.09	2.33	1.31
经济福利增幅（百万美元）	18722.29	147452.23	7390.37	20094.96
贸易条件变动（%）	−0.07	−0.33	0.99	−0.36

在产业效应方面，中国能源类行业贸易将最为活跃，出口会增长417.66%，净出口是−21420.03百万美元，表明沿线自贸区建设会促进能源进口输入。对其他行业的出口驱动影响各异，其中电力类、轻纺类、钢铁类、建材类行业呈现贸易顺差，化工类等其他四类行业均出现贸易逆差。在产业附加值方面，电力类、轻纺类、钢铁类、建材类行业的附加值会提高，其中建材类、轻纺类行业的附加值提高最显著，分别为8.62%、7.64%，但不利于其他五类行业附加值的提高，尤其是能源类行业的附加值会下降11.78%（见表6-14）。

表 6-14　情景六下沿线自贸区建设的产业效应

类　别	电力类	化工类	轻纺类	钢铁类	运输设备类
出口总量变动（%）	16.31	30.07	27.63	39.62	7.24
贸易收支变化（百万美元）	72615.47	−30976.1	119662.63	24906.04	−65918.91
产业附加值（%）	2.63	−6.02	7.64	2.55	−4.13

类　别	机械设备类	建材类	矿产类	能源类	
出口总量变动（%）	37.16	16.13	25.14	417.66	
贸易收支变化（百万美元）	−34619.19	152.55	−30918.45	−21420.03	
产业附加值（%）	−4.88	8.62	−1.21	−11.78	

（二）对六类情景的综合分析

基于沿线自贸区建设视角贯通不同开放程度的沿线外循环，对中国而言：①不论何种情景下，对GDP、经济福利、贸易条件总体都有利好，而且从情景一至情景六，随着开放程度的总体提高，尤其是情景二、情景四至情景六下考虑非关税壁垒削减，即不断提升便利化水平后，对经济发展指标的正向驱动越来越显著。②沿线自贸区建设对中国九大重点行业国际合作的驱动具备显著异质性，在仅削减关税壁垒的情景一、情景三、情景五下，只对轻纺类、钢铁类行业的国际合作在出口增长、贸易顺差、附加值提高方面都呈现越来越强的正向驱动，其他七类行业要么出现出口持续下降，要么贸易逆差越来越大，要么产业附加值不断下降。③在增加考虑非关税壁垒的情景二、情景四、情景六下，驱动影响分别相较于情景一、情景三、情景五，首先模拟结果的绝对值均有更显著的提高；其次对中国的轻纺类、钢铁类、建材类、电力类行业的国际合作都会呈现越来越显著的积极驱动；最后对其他五大重点行业的国际合作仅在出口增长方面会一直呈现越来越强的正向驱动，但在贸易收支、附加值提高方面更多体现出逆差、负向影响，如会引致化工类行业越来越大的贸易逆差及越来越低的附加值。

对沿线自贸区伙伴而言，在仅削减关税壁垒的情景一、情景三、情景五下，与中国共建自贸区总体上会驱动英国、挪威、俄罗斯、欧盟经济发展，但对印度、欧亚经济联盟、海合会的经济影响总体是负向的。而在增加考虑非关税壁垒的情景二、情景四、情景六下，对各伙伴的经济发展驱动总体表现为更正向显著。

六、总结与建议

在贯通国际外循环的宏观考虑下，本研究选取中国电力类、化工类、轻纺类、钢铁类、运输设备类、机械设备类、建材类、矿产类、能源类九大重点行业，采用GTAP模型探究了"丝绸之路经济带"沿线自贸区建设的经济产业效应。发现在经济效应方面，对中国经济总量、福利、贸易条件的驱动会随着自由化水平，尤其是便利化水平的提高而持续、显著、正向提升，而同一情景下对各自贸区伙伴经济的驱动力度及方向异质性明显，但总体为正向驱动。在产业效应方面，随着自由化和便利化水平的提高，沿线自贸区建设会显著提高中国各类重点行业的进出口活力，其中会正向驱动轻纺类、钢铁类、建材类、电力类行业的净出口增加及附加值提高，同时进一步促进化工类、运输设备类、机械设备类、矿产类、能源类产品进口，但抑制这六类行业的附加值提高。

为发挥好沿线自贸区建设的经济产业效应，贯通沿线外循环，促进中国与沿线经济体的产业合作，结合研究结论可采取以下举措。

（1）从沿线自贸区的建设数量、增长速度、伙伴实力、建成水平等层面，大力依托"丝绸之路经济带"建立高质量自贸区，以高效贯通沿线国际外循环，这是充分发挥沿线"自贸区驱动"经济产业效能提升的基础。

（2）要在保证高水平自由化的基础上重视提高沿线自贸区的便利化水平，在自贸区建设中要重点削减非关税壁垒的约束，积极完善国际物流体系、简化通关手续、提高交往效率、提升服务能力等，推动数字经济、跨境电商、信息智能在沿线自贸区中的推广运用。

（3）要协同管理沿线各个不同规模、水平、规则的中国自贸区，构建自贸区之间的高效协调机制，减轻不同的自贸区产生的碎片化、"意大利面条碗"消极效应，降低企业在借助自贸区对外经营中的规制学习和商品流通成本，构建差异小、互补大、示范强的沿线中国自贸区网络。

（4）在重点行业国际合作中，要做好同类企业的凝聚整合，抱团组成"拳头"，增强产业国际竞争力和定价权，倡导国内企业的良性竞争，预防无序低价倾销、无谓内耗和"内卷"。

（5）要根据自贸区伙伴的发展实际、市场需求和贸易特点展开有针对性的产业合作，充分发挥好相互间的互补优势、禀赋优势，促进差异化生产，既保证出口畅通，打造中国产业发展的新平台、新市场、新渠道，又增强进口稳定，通过贯通沿线外循环为国内大循环发展提供稳定持久的产业支撑。

（6）积极采取诸如扩展产业链、加强科技创新、发展特色产业、加强精深加工等措施，对冲沿线自贸区会降低一些重点行业附加值的影响，努力提高这些产业发展的规模化、智能化、集约化水平。

第七章　中国—非盟自贸区达成的影响效果研究

一、引言及文献综述

面对中国的强势崛起，尤其是在周边亚太地区不断增强的竞争力和影响力，美国近些年来不断通过多种手段进行持续对冲和加码打压，双方在政治、经贸等领域的斗争渐呈长期性、常态化。当前美国最新围堵遏华的经贸政策主要是由美国一手策划和主导的印太经济框架（IPEF），其谈判现阶段正在积极推进中，2023年6月已经基本完成了关于贸易领域的相关谈判。IPEF具有鲜明的地缘政治色彩，排挤中国大搞"小圈子"的意图非常明显（李鸿阶，2023），其既是拜登政府"印太战略"全面实施的主要经济抓手，也是美国意图继续攫取全球经贸标准规则主导权，以及"去中国化""脱钩断链"的新手段，更是特朗普政府对华经贸政策的选择性继承和升级。

面对这种外经贸发展环境的国际新变化、新形势，中国需要积极主动采取更加灵活多变的自贸区发展策略，如不断扩大自贸区"朋友圈"，走出周边的亚太区域，积极向非洲、南美洲等洲际区域发展自贸一体化合作，进一步拓展外循环的发展边际和畅通区域。

广袤的非洲地区长期以来都是中国自贸区发展的"荒漠"地带和滞后区域，2021年1月正式生效的《中国—毛里求斯自由贸易协定》成为截至目前中国与非洲国家唯一达成并运行的自贸区。而2021年初非洲大陆自贸区的正式启动也为中国与非洲整体接触并进行自贸区研究、谈判提供了可能，而且中国外交部和非盟领导人也都曾表示愿意进行自贸区方面的合作，为中国—非盟自贸区（以下简称中非自贸区）谈判进一步增添了可行性。

围绕中非自贸区建设问题，学者们从现实需要（张瑾等，2023）、机遇挑战（朱华友等，2020；马汉智，2021）、路径选择（梁明，2015）和推进建议（金晓彤和金建恺，2021）、对接模式（张颖和夏福渭，2020）、法理基础（贺鉴和杨常雨，2021）等方面进行了积极讨论，对建设中非自贸区进行了逻辑规范的质性研究，涉及内容囊括可行性、意义、路径、模式、法理等层面。但对经济功能、驱动价值、畅通外循环、抗扰对冲的讨论不足，而且欠缺严谨科学的实证研究，本章拟做出可能的边际贡献。

二、中非自贸区达成的现实基础

（一）牢固的互信外交

友好互信、患难与共、打造命运共同体是中非交往的基调和主旋律。在整体层面，中非双方拥有自 2000 年成立至今成熟完善的集体对话机制——中非合作论坛，从 2015 年起正式升级的伙伴关系——从新型战略伙伴关系到全面战略合作伙伴关系；从 2018 年提出要建设的紧密、团结、长期关系——中非命运共同体，双方互信不断升级质变。在区域层面，中国与非洲内部各经济体之间的合作互信也与时增强，截至 2021 年 12 月，中国已同 44 个非洲国家及非盟委员会签署了"一带一路"合作文件，以及在新冠疫情肆虐之际与非洲国家携手抗疫，互信关系更加牢固。特别是在 2018 年中非合作论坛北京峰会上，中国—非盟（以下简称中非）双方共同决定构建更加紧密的中非命运共同体，揭开了双方合作的新篇章，迈入了关系升级的新时代。

（二）多维的经贸互联

现阶段中非双方经贸继续呈现高质高速发展态势。2020 年，在新冠疫情冲击下中国仍保持非洲最大贸易伙伴国地位，中国也是对非 OFDI 主要来源国，对非投资从覆盖国家、投资增幅、地区结构、行业属性等层面不断优化。同时，中国是非洲基础设施主要承建方，尽管受到非洲政局动荡、军事冲突、疫情冲击等不利影响，但中国企业仍对非工程承包市场抱有较强信心，同时更注重提升基建质量。中国对非也不断开放市场，自非进口从2016年的569亿美元跃升至2020年的1142亿美元，年均增长率高达19.03%，增长幅度超过一倍。此外，根据商务部公布的数据，2009—2023年中国已连续15年保持非洲首位贸易伙伴国地位，其中，2021年中非贸易额突破2500亿美元，同比大增35.3%，2023年中非贸易额达到历史峰值2821亿美元。

（三）坚实的协定基础

首先，签订《经贸合作框架协定》可保障双方稳定合作。中国已分别与东部非洲共同体、西非国家经济共同体、南部非洲发展共同体签署《经贸合作框架协定》，这为进一步开展自贸区谈判积累了合作经验。其次，截至2019年6月，中国在非洲设立的经贸合作区已经达到25个，这些合作区是升级成为中非自贸区的重要依托。最后，2021年1月，中国在非洲地区达成的首个自贸区——中国—毛里求斯自贸协定开始生效，为中国继续在非洲地区布局自贸区开了好头，起到一定的引领和示范作用。

（四）一致的共建意愿

非洲地区是中国"一带一路"倡议的重要方向，非洲大陆自贸区与"一带一路"相互给对方带来新的合作机遇，同时两者的属性也存在诸多契合点，这在客观上驱动着中非双方进一步加深合作。而主观上中非对于升级双方间经贸合作的意愿亦一致，在非洲大陆自贸区筹建之时，非盟方面就表示期待与中国等洲外经济体开展自贸区合作，而作为统一整体的非洲大陆自贸区将会使未来的中非自贸区谈判更加便利和高效。中国外交部也曾在非洲大陆自贸区正式启动后表示，中方愿支持非洲自贸区建设，并同非洲国家探讨中非自贸合作。因而双方共建自贸区具备客观性和一致意愿。

三、自贸区影响效应发生的逻辑机理

（一）经济福利效应

自贸区达成会影响一国经济福利水平，理论逻辑可用图 7-1 阐释。

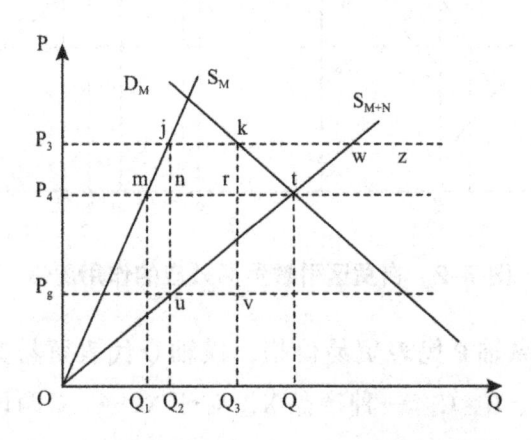

图 7-1　自贸区影响成员国经济福利的理论逻辑

假设存在进口国 M 和出口国 N，一种产品 Y。图 7-1 中的 D_M、S_M、S_{M+N} 分别代表 M 国需求曲线、M 国供给曲线、M 国与 N 国供给曲线的集合。纵轴 P 为价格，横轴 Q 为数量，P_g 是世界价格。初始状态下，进口国 M 的进口关税是 P_3P_g，其国内 Y 的销售价格是 P_3，为满足供需缺口还需的进口数量为 Q_2Q_3。假定 M 与 N 达成自贸区，形成自贸区大市场 MNFTA，M 国会免除进口自 N 国的 Y 进口关税，长期均衡价格 P_4 由需求曲线 D_M 和 S_{M+N} 的均衡点决定。MNFTA 达成后对 M 国经济福利的冲击体现在消费者剩余增加 P_3ktP_4 的面积、生产者剩余减少 P_3jmP_4 的面积及关税收益损失 jkvu 的面积，综合利得等于 $P_3ktP_4-P_3jmP_4-jkvu=jnm+ktr-nrvu$。因而达成自贸区对 M 国经济福利的冲击结果由 jnm+ktr-nrvu 结果的正负判定。

（二）贸易连环效应

自贸区能够引致贸易创造、贸易转移和扩大出口效应，作用逻辑如图 7-2 所示。

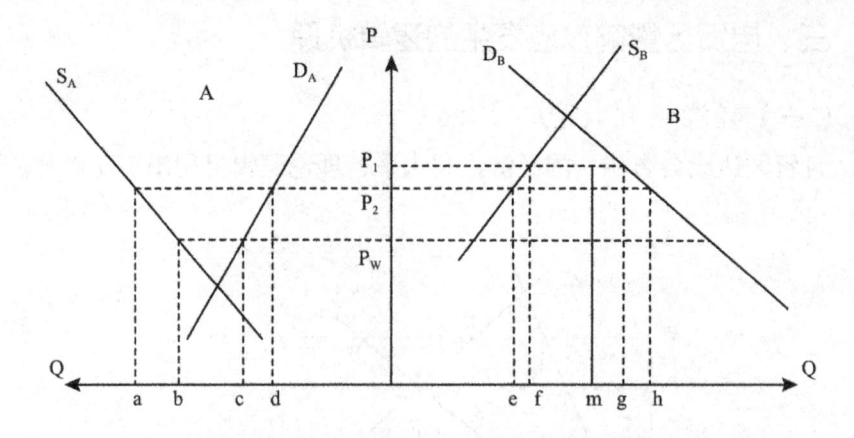

图 7-2 自贸区引致贸易效应的作用逻辑

图 7-2 的纵轴 P 代表贸易价格，横轴 Q 代表贸易数量。假设存在三个国家 A、B、C，一种产品 X，对于 X，A、C 两国国内均供大于求，B 国国内供小于求，P_W 代表 X 的世界价格。在自贸区达成之前，A、C 两国共同向 B 国出口 X，而 B 国会征收 P_1P_W 大小的进口关税，P_1（$P_1=P_W+P_1P_W$）是 B 国 X 的进口价格，进口量为 fg，fg 包括进口自 A 国的数量 fm（fm=bc）和进口自 C 国的数量 mg。假定 A、B 间达成自贸区 ABFTA，初期 A 国将以世界价格 P_W 向 B 国出口 X，C 国的 X 会由于售价劣势（$P_1>P_W$）被淘汰出 B 国市场，A 国完全垄断对 B 国的出口，但由于短期内供小于求，价格会由 P_W 逐渐上升并最终达到供求均衡的价格 P_2，此时均衡供给量 ad 等于需求量 eh。对于 B 国，达成 ABFTA 使得其进口规模由 fg 增至 eh，产生贸易创造效应，贸易对象由 A、C 转变为只有 A，产生贸易转移效应。对于 A 国，ad 大于 bc，表明 ABFTA 显著扩大其出口，产生扩大出口效应。

（三）行业部门效应

自贸区达成后，受益于区内自由化和便利化水平的显著提升，自贸区伙伴间各行业部门的生产要素、最终产品、中间品跨区域重新配置的自由流动增强，而根据绝对优势、比较优势、禀赋优势理论的解释，以及重叠需求、产品异质性等情况的客观存在，自贸区成员间的产业间和产业内贸易势必会受益于贸易创造和贸易转移等而持续发生和扩大规模。通常情况下，会进一步推动成员相对强势行业和部门的优质资源集聚、生产效率提高，但该成员相对弱势、幼稚行业和部门将受到来自自贸区伙伴的出口冲击，其生产要素及资源会流向本国或伙伴国优势行业部门。此外，若自贸区伙伴之间产业和禀赋结构异质性强，则会进一步增强相互间的优势互补效果。总体来看，自贸区达成会促进行业部门在成员之间分工的合理化，利于本国优势、重点、过剩行业的出口，对弱势、幼稚、新兴产业出口有负向冲击影响（见图 7-3）。

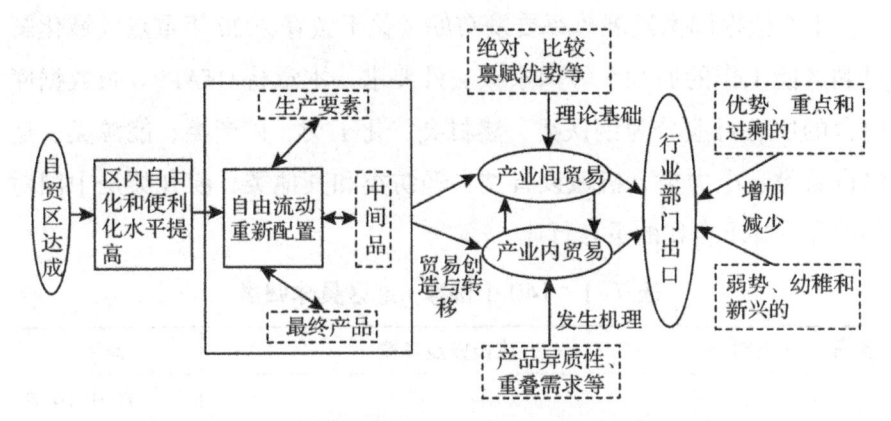

图 7-3 自贸区诱发行业部门效应的逻辑思路

综上，自贸区达成能够冲击影响成员国的经济、福利、贸易、行业发展变化，但冲击的强度、方向、波动等特征有待具体对象具体确定，因而模拟发掘中非自贸区达成效果的现实意义较强，预期可为推进中非自贸区达成提供学术支撑。

四、GTAP 模拟的设定及结果

全球贸易分析项目（Global Trade Analysis Project，GTAP）是美国普渡大学研发的一种 CGE（可计算一般均衡）模型，其假设市场完全竞争、规模报酬不变、生产者和消费者都是经济人、产品和要素市场出清等，属于当下专用于事前评估单独或联合政策冲击经济体部门经济行为的实证工具。本研究选用 GTAP9.0 版数据库，该版本囊括全球 140 个国家/地区、57 个行业部门，实证操作肇始于运用 GTAPAgg 软件对这些国家/地区、行业部门根据研究需要进行分组归类。

（一）分组归类 140 个国家/地区

由于研究涉及中非自贸区、中美贸易摩擦、TTIP 及"一带一路"，故将 140 个国家/地区分为中国、非盟、欧盟、美国、"一带一路"沿线国家、全球其他经济体共六大组（见表 7-1）。

（二）分组归类 57 个行业

主要依据国家发展改革委发布的《关于做好 2020 年重点领域化解过剩产能工作的通知》等国家级文件要求，本章将 GTAP9.0 版数据库内含的所有行业分为钢铁类、建材类、化工类、矿产类、能源类、运输设备类、电力类、机械设备类、轻纺类和其他类，前九类是中国对外推介、寻求合作的重点行业。

表 7-1　140 个国家/地区具体归类

组号	组别	成员归组详情	备注
1	中国	中国大陆	未含中国香港、中国澳门、中国台湾三地
2	非盟	埃及、摩洛哥、突尼斯、其他北非地区、贝宁、布基纳法索、喀麦隆、科特迪瓦、加纳、几内亚、尼日利亚、塞内加尔、多哥、其他西非国家、中非、中南部非洲、埃塞俄比亚、肯尼亚、马达加斯加、马拉维、毛里求斯、莫桑比克、卢旺达、坦桑尼亚、乌干达、赞比亚、津巴布韦、其他东非国家、博茨瓦纳、纳米比亚、南非、其他南非地区国家	非洲联盟 55 个成员中有 54 个成员已签署非洲大陆自贸协定
3	欧盟	德国、法国、荷兰、意大利、卢森堡、比利时、丹麦、希腊、爱尔兰、葡萄牙、西班牙、瑞典、奥地利、芬兰、马耳他、塞浦路斯、波兰、匈牙利、斯洛伐克、捷克、斯洛文尼亚、爱沙尼亚、拉脱维亚、立陶宛、罗马尼亚、保加利亚、克罗地亚	包括 27 个成员

续表

组号	组别	成员归组详情	备注
4	美国	美国	
5	"一带一路"沿线国家	蒙古、文莱、柬埔寨、印度尼西亚、老挝、马来西亚、菲律宾、新加坡、泰国、越南、其他东南亚国家、孟加拉国、印度、尼泊尔、巴基斯坦、斯里兰卡、其他南亚国家、阿尔巴尼亚、白俄罗斯、俄罗斯、乌克兰、其他东欧国家、哈萨克斯坦、吉尔吉斯斯坦、其他苏联国家、亚美尼亚、阿塞拜疆、格鲁吉亚、巴林、伊朗、以色列、约旦、科威特、阿曼、卡塔尔、沙特阿拉伯、土耳其、阿联酋、其他西亚国家	剔除与欧盟成员国有重叠后的其他"一带一路"沿线国家
6	全球其他经济体	数据库中不含上述国家/地区的其他国家/地区	

（三）基准情景假设

参考中国已达成自贸区的开放程度，以及部分自贸区的升级版或第二阶段建设情况，对达成中非自贸区可能的自由化和便利化水平设置了三大基准情景。

基准情景一：关税壁垒削减80%、技术性贸易壁垒削减10%、通关费用降低30%、出口补贴减少20%。

基准情景二：关税壁垒削减90%、技术性贸易壁垒削减20%、通关费用降低40%、出口补贴减少30%。

基准情景三：关税壁垒削减100%、技术性贸易壁垒削减30%、通关费用降低50%、出口补贴减少40%。

（四）模拟结果解析

在三种基准情景下，达成中非自贸区整体会驱动双方贸易、经济、福利的全面提升，而对欧盟、美国、"一带一路"沿线国家、全球其他经济体的影响均是外部不经济（见表7-2）。随着不断提升自由化和便利化水平，即从基准情景一、情景二至情景三，在保持原有驱动方向的同时，驱动强度更加显著，表明自贸区开放水平与驱动强度联动正相关。具体来看，在贸易、经济两方面，对非盟的驱动更加积极，如从基准情景一、情景二至情景三，驱动中国进口总量分别提高1.60%、2.60%、3.60%，而对非盟的驱动高达3.08%、5.08%、7.08%，同样驱动中国资本存量分别提升0.08%、0.15%、0.21%，而对非盟的驱动达到0.16%、0.28%、0.40%。而在福利方面，对中国的驱动力度稍大，其中从基准情景一、情景二至情景三，中国福利会分别增加23.4十亿美元、41.0十亿美元、58.7十亿美元，均高于同一情景下非盟福利分别增加的20.0十亿美元、38.0十亿美元、56.0十亿美元。

表7-2 三种基准情景下中非自贸区达成的经贸效应

组别	基准情景类型	贸易指标				经济指标		福利指标
		进口总量变动（%）	出口总量变动（%）	贸易余额（十亿美元）	贸易条件变动（%）	资本存量（%）	GDP总量指数（%）	社会福利（十亿美元）
中国	一	1.60	0.32	21.8	0.63	0.08	0.17	23.4
	二	2.60	0.47	14.9	1.00	0.15	0.32	41.0
	三	3.60	0.61	8.1	1.36	0.21	0.48	58.7
非盟	一	3.08	2.16	−6.4	0.44	0.16	0.83	20.0
	二	5.08	3.21	−9.1	1.07	0.28	1.50	38.0
	三	7.08	4.25	−11.7	1.69	0.40	2.17	56.0
欧盟	一	−0.11	−0.02	2.1	−0.04	−0.01	−0.01	−3.3
	二	−0.18	−0.03	4.6	−0.06	−0.01	−0.01	−5.3
	三	−0.26	−0.05	7.1	−0.08	−0.02	−0.02	−7.2
美国	一	−0.29	−0.04	−74.4	−0.10	−0.01	0.00	−3.2
	二	−0.50	−0.05	−70.2	−0.18	−0.02	−0.01	−5.4
	三	−0.71	−0.06	−66.0	−0.25	−0.02	−0.01	−7.6

续表

组别	基准情景类型	进口总量变动（%）	出口总量变动（%）	贸易余额（十亿美元）	贸易条件变动（%）	资本存量（%）	GDP总量指数（%）	社会福利（十亿美元）
"一带一路"沿线国家	一	-0.29	-0.04	41.2	-0.20	-0.01	0.01	-6.6
	二	-0.51	-0.06	41.5	-0.36	-0.01	0.01	-11.8
	三	-0.73	-0.08	41.7	-0.53	-0.02	0.02	-17.0
全球其他经济体	一	-0.10	0.00	15.7	-0.04	-0.01	-0.01	-2.9
	二	-0.18	0.00	18.2	-0.07	-0.01	-0.01	-5.0
	三	-0.26	0.00	20.7	-0.10	-0.01	-0.01	-7.1

达成中非自贸区对中国九类重点行业的外向型发展影响显著（见表7-3）。在贸易平衡方面，除化工类、矿产类、能源类行业外，中国其他六大行业均会实现贸易顺差，但顺差存在异质性，表现为随着贸易自由化和便利化水平提高，钢铁类、运输设备类行业的顺差幅度也同向提高，而电力类、轻纺类、机械设备类、建材类顺差幅度却不断收敛。非盟只有矿产类、能源类行业呈现顺差，并且顺差幅度与自贸区开放水平耦合正相关，其他七大行业贸易均呈现不同程度的逆差。关于附加值指标，有利于提升中国轻纺类、钢铁类、运输设备类、建材类、矿产类五大行业的附加值，但只有轻纺类行业表现出自贸区开放水平与附加值大小负相关的特征。对于非盟来讲，除建材类、矿产类、能源类行业外，中非自贸区达成并不利于其剩余六类行业附加值提高，尤其是轻纺类、钢铁类、机械设备类行业在更高开放水平的基准情景二、情景三下，附加值下降幅度较大。

表 7-3　三种基准情景下中非自贸区达成的行业效应

行业类型	基准情景类型	行业贸易平衡（十亿美元）中国	行业贸易平衡（十亿美元）非盟	行业附加值（%）中国	行业附加值（%）非盟
电力类	一	18.9	-3.6	-0.73	-2.71
电力类	二	17.3	-5.1	-0.90	-5.18
电力类	三	15.7	-6.6	-1.06	-7.66
化工类	一	-6.8	-4.8	-0.41	-1.69
化工类	二	-8.4	-5.6	-0.67	-3.55
化工类	三	-9.9	-6.4	-0.93	-5.41
轻纺类	一	33.5	-6.3	0.59	-10.00
轻纺类	二	33.4	-8.4	0.42	-15.35
轻纺类	三	33.2	-10.5	0.25	-20.70
钢铁类	一	7.9	-3.3	0.57	-6.89
钢铁类	二	9.1	-4.3	0.94	-11.25
钢铁类	三	10.2	-5.3	1.31	-15.60
运输设备类	一	6.5	-4.8	0.34	-0.34
运输设备类	二	7.5	-5.9	0.56	-0.89
运输设备类	三	8.4	-7.1	0.77	-1.44
机械设备类	一	4.4	-9.6	-0.13	-4.69
机械设备类	二	3.0	-11.5	-0.08	-9.04
机械设备类	三	1.5	-13.5	-0.02	-13.38
建材类	一	0.1	-0.6	0.66	1.49
建材类	二	0.1	-0.7	1.18	2.62
建材类	三	0.1	-0.9	1.70	3.75
矿产类	一	-18.1	6.6	0.12	1.07
矿产类	二	-17.4	11.0	0.26	1.86
矿产类	三	-16.7	15.4	0.39	2.64
能源类	一	-20.2	30.8	-1.67	0.54
能源类	二	-18.9	35.6	-3.09	0.87
能源类	三	-17.7	40.4	-4.51	1.20

五、纳入外部冲击后的进一步分析

围绕当前中国外向型经济发展面临的主要国际环境，选取中美贸易摩擦、TTIP谈判、"一带一路"倡议三大事件，试图考察国际环境突变对中非自贸区达成效果的冲击影响。

（一）中美贸易摩擦的冲击

借鉴袁晓玲等（2020）的研究，设定冲击情景四：中非自贸区达成后，中美再次爆发贸易冲突，关税壁垒双向提高45%。

相较表7-2，冲击情景四下的模拟结果显示（见表7-4）：①对中国而言，贸易摩擦对中国经济发展负向冲击显著，不论是同一情景横向相比，还是与基准情景一、情景二至情景三纵向相比，中国的贸易、经济、福利均明显恶化。②对自贸区伙伴非盟而言，中美爆发贸易摩擦，非盟从中"渔翁得利"，尽管贸易、经济、福利三方面的获利程度均偏弱。③中美贸易摩擦亦使美国受冲击，不利于其贸易、经济、福利发展。④中美贸易摩擦总体利好于欧盟、"一带一路"沿线国家、全球其他经济体，体现为会缓冲原来由于中非自贸区达成引致的不利。

表7-4 中美贸易摩擦对三种基准情景下中非自贸区达成的经贸冲击影响

组别	受冲击的基准情景类型	进口总量变动（%）	出口总量变动（%）	贸易余额（十亿美元）	贸易条件变动（%）	资本存量（%）	GDP总量指数（%）	社会福利（十亿美元）
中国	一	0.83	-0.16	21.9	0.46	0.07	0.10	15.2
	二	1.83	-0.02	15.0	0.83	0.13	0.25	32.8
	三	2.83	0.13	8.2	1.20	0.19	0.40	50.4
非盟	一	3.13	2.18	-6.5	0.45	0.16	0.83	20.1
	二	5.12	3.22	-9.2	1.08	0.28	1.50	38.2
	三	7.12	4.27	-11.8	1.71	0.40	2.17	56.2

续表

组别	受冲击的基准情景类型	贸易指标 进口总量变动（%）	贸易指标 出口总量变动（%）	贸易指标 贸易余额（十亿美元）	贸易指标 贸易条件变动（%）	经济指标 资本存量（%）	经济指标 GDP总量指数（%）	福利指标 社会福利（十亿美元）
欧盟	一	-0.09	-0.03	0.9	-0.03	-0.01	-0.01	-2.3
欧盟	二	-0.16	-0.04	3.4	-0.05	-0.01	-0.01	-4.3
欧盟	三	-0.24	-0.05	5.9	-0.07	-0.02	-0.02	-6.3
美国	一	-0.87	-0.58	-70.2	-0.15	-0.02	-0.01	-6.0
美国	二	-1.07	-0.59	-66.0	-0.22	-0.02	-0.02	-8.2
美国	三	-1.28	-0.60	-61.8	-0.29	-0.03	-0.02	-10.4
"一带一路"沿线国家	一	-0.20	-0.01	40.4	-0.17	0.00	0.01	-5.4
"一带一路"沿线国家	二	-0.42	-0.03	40.6	-0.34	-0.01	0.02	-10.5
"一带一路"沿线国家	三	-0.64	-0.05	40.9	-0.50	-0.02	0.02	-15.7
全球其他经济体	一	-0.02	0.01	13.5	0.00	0.00	0.00	-0.4
全球其他经济体	二	-0.10	0.00	16.1	-0.03	-0.01	-0.01	-2.5
全球其他经济体	三	-0.18	0.00	18.6	-0.06	-0.01	-0.01	-4.6

中非自贸区达成后再引入中美贸易摩擦的冲击，与表7-3相比，在贸易平衡方面，中国九类重点行业中除化工类、矿产类、能源类行业仍呈贸易逆差外，其他六大行业仍保持贸易顺差，但不同之处在于表7-5中中国电力类、运输设备类、建材类行业顺差幅度有所提高。而轻纺类、钢铁类、机械设备类行业尽管仍保持贸易顺差，但顺差幅度均下降。对非盟而言，中美贸易摩擦的影响并不显著，其各个行业的数值变动都偏小。而对贸易摩擦的另一方美国而言，根据表7-5，其除建材外的其他八大行业贸易都呈入超，其中能源类、电力类行业入超最突出。在行业附加值方面，与表7-3相比，贸易摩擦对中国轻纺类行业的负向冲击最明显（见表7-5），而对机械设备类行业的正向驱

动更显著。对非盟而言，贸易摩擦对其九类行业附加值的提高有利有弊，但变动影响均不显著。对美国而言，贸易摩擦有利于其电力类、轻纺类行业附加值提高，但对运输设备类、建材类、矿产类行业附加值影响消极，并且不论是正向还是负向驱动都随着中非自贸区开放水平的提升（从基准情景一、情景二至情景三）而更显著。同时对美国化工类、钢铁类、机械设备类、能源类行业附加值的影响不显著，总体上所有模拟值的绝对数都不大于0.1%。

表7-5 中美贸易摩擦对三种基准情景下中非自贸区达成的行业冲击影响

行业类型	受冲击的基准情景类型	行业贸易平衡（十亿美元）			行业附加值（%）		
		中国	非盟	美国	中国	非盟	美国
电力类	一	21.4	-3.6	-17.7	-0.36	-2.75	0.15
	二	19.8	-5.1	-17.2	-0.53	-5.22	0.18
	三	18.2	-6.6	-16.6	-0.69	-7.70	0.21
化工类	一	-5.3	-4.9	-1.6	-0.26	-1.70	-0.04
	二	-6.8	-5.7	-1.2	-0.52	-3.56	0.03
	三	-8.4	-6.5	-0.8	-0.78	-5.43	0.10
轻纺类	一	20.8	-6.1	-6.8	-0.94	-9.79	2.97
	二	20.7	-8.2	-6.1	-1.12	-15.14	3.36
	三	20.5	-10.3	-5.4	-1.29	-20.50	3.75
钢铁类	一	7.8	-3.3	-1.1	0.67	-6.95	-0.03
	二	9.0	-4.3	-1.1	1.04	-11.31	-0.05
	三	10.2	-5.3	-1.1	1.40	-15.66	-0.07
运输设备类	一	8.9	-4.9	-7.2	0.50	-0.35	-0.22
	二	9.8	-6.0	-7.0	0.72	-0.90	-0.24
	三	10.8	-7.1	-6.8	0.93	-1.45	-0.26
机械设备类	一	7.2	-9.6	-5.1	0.09	-4.78	-0.05
	二	5.7	-11.6	-4.1	0.15	-9.12	-0.01
	三	4.2	-13.6	-3.1	0.21	-13.47	0.04

续表

行业类型	受冲击的基准情景类型	行业贸易平衡（十亿美元）			行业附加值（%）		
		中国	非盟	美国	中国	非盟	美国
建材类	一	0.2	−0.6	0.4	0.53	1.53	−0.21
	二	0.2	−0.7	0.4	1.05	2.65	−0.29
	三	0.2	−0.9	0.4	1.56	3.78	−0.38
矿产类	一	−17.4	6.5	−1.4	0.25	1.05	−0.24
	二	−16.7	10.9	−2.8	0.38	1.84	−0.39
	三	−16.0	15.3	−4.2	0.52	2.62	−0.55
能源类	一	−20.6	30.8	−30.9	−1.53	0.52	0.04
	二	−19.4	35.6	−30.1	−2.95	0.85	0.05
	三	−18.1	40.4	−29.2	−4.37	1.18	0.06

（二）若TTIP达成的冲击

中非自贸区达成后，在考虑中美贸易摩擦的基础上，进一步纳入TTIP达成的冲击。由于TTIP谈判在减免关税的基础上更注重削减双方间的非关税壁垒，故假设冲击情景五：美欧相互间关税壁垒削减100%，非关税壁垒削减50%。

根据表7-6，若TTIP达成，总体对中非自贸区经济发展产生负向驱动。就中国而言，基准情景一下除出口总量、贸易余额指标外，其他指标模拟值都为负值。在基准情景二，除出口总量、贸易余额、GDP总量指标外，其他指标仍为负值，但总体明显比基准情景一更利好中国经济发展。只有在最高开放程度的基准情景三，经济才总体实现正向提升。此外，TTIP达成对中国贸易条件、社会福利的负向冲击更严重，但会显著刺激出口。而TTIP达成对非盟的负向冲击主要体现在进口、贸易条件、资本存量、社会福利方面，显著加大了贸易顺差。对非盟GDP增长影响消极但不显著。此外，TTIP达成极大利好欧美双方的贸易、经济、福利发展。

表 7-6　TTIP 达成对三种基准情景下中非自贸区达成的经贸冲击影响

组别	受冲击的基准情景类型	进口总量变动（%）	出口总量变动（%）	贸易余额（十亿美元）	贸易条件变动（%）	资本存量（%）	GDP总量指数（%）	社会福利（十亿美元）
中国	一	−1.59	2.47	88.9	−0.44	−0.24	−0.01	−26.1
	二	−0.58	2.62	82.1	−0.08	−0.18	0.14	−8.5
	三	0.42	2.76	75.2	0.29	−0.12	0.29	9.1
非盟	一	−0.31	2.56	10.1	−1.03	−0.21	0.75	6.8
	二	1.69	3.61	7.4	−0.40	−0.09	1.42	24.8
	三	3.68	4.65	4.8	0.23	0.03	2.10	42.9
欧盟	一	4.43	2.81	−49.7	0.85	0.15	1.59	287.4
	二	4.36	2.80	−47.2	0.82	0.15	1.58	285.5
	三	4.28	2.79	−44.7	0.80	0.14	1.58	283.5
美国	一	28.19	12.38	−439.1	7.46	0.69	1.60	438.0
	二	27.98	12.37	−434.9	7.38	0.68	1.59	435.7
	三	27.77	12.36	−430.7	7.31	0.68	1.59	433.5
"一带一路"沿线国家	一	−3.09	0.85	122.2	−1.35	−0.34	−0.12	−75.0
	二	−3.31	0.83	122.5	−1.52	−0.34	−0.11	−80.2
	三	−3.53	0.81	122.7	−1.68	−0.35	−0.10	−85.4
全球其他经济体	一	−5.70	1.49	267.7	−2.38	−0.41	−0.14	−168.7
	二	−5.78	1.49	270.2	−2.41	−0.41	−0.14	−170.8
	三	−5.86	1.49	272.7	−2.44	−0.42	−0.14	−172.9

由表 7-7 可知，TTIP 达成对中国电力类、轻纺类、钢铁类行业的贸易平衡和附加值综合冲击更正向显著。还加剧了中国化工类行业的贸易逆差并小幅拉低该行业的附加值，缩小能源类行业的贸易逆差并小幅提升该行业的附加值，利好运输设备类、机械设备

类、建材类、矿产类行业贸易出超,但整体不利于这些行业附加值提高。TTIP达成会收敛非盟九大行业各自的贸易余额,贸易趋向进出口平衡,其中既会减少矿产类、能源类贸易的顺差,也会缩小其他七大行业的贸易逆差。在行业附加值方面,TTIP达成对非盟建材类行业附加值的负向冲击更强,而对其他行业附加值变动的冲击相对弱。此外,TTIP达成对欧盟化工类、运输设备类、机械设备类的正向驱动最显著,而对美国来说,会刺激其建材类、矿产类行业向好发展。

表7-7 TTIP达成对三种基准情景下中非自贸区达成的行业冲击影响

行业类型	受冲击的基准情景类型	行业贸易平衡（十亿美元）				行业附加值（%）			
		中国	非盟	欧盟	美国	中国	非盟	欧盟	美国
电力类	一	41.8	−2.1	−42.1	−75.2	2.77	−2.29	−4.06	−5.57
	二	40.2	−3.6	−42.3	−74.7	2.61	−4.76	−4.11	−5.54
	三	38.6	−5.1	−42.6	−74.1	2.44	−7.24	−4.16	−5.52
化工类	一	−9.5	−3.9	44.6	−5.5	−0.28	−1.51	0.94	−5.78
	二	−11.1	−4.7	44.6	−5.1	−0.54	−3.37	0.95	−5.71
	三	−12.7	−5.5	44.7	−4.6	−0.80	−5.23	0.97	−5.65
轻纺类	一	30.4	−3.6	−15.2	−43.7	1.99	−7.61	−0.72	−11.31
	二	30.2	−5.7	−15.0	−43.0	1.81	−12.96	−0.63	−10.91
	三	30.0	−7.8	−14.9	−42.3	1.64	−18.31	−0.55	−10.52
钢铁类	一	10.2	−2.1	−5.5	−17.8	1.47	−6.29	−0.81	−5.23
	二	11.4	−3.2	−5.8	−17.8	1.83	−10.65	−0.89	−5.25
	三	12.5	−4.2	−6.1	−17.8	2.20	−15.00	−0.97	−5.27
运输设备类	一	10.7	−4.0	59.0	−34.7	−0.04	−1.10	0.52	−1.25
	二	11.6	−5.1	59.0	−34.6	0.18	−1.65	0.53	−1.27
	三	12.6	−6.3	58.9	−34.4	0.40	−2.20	0.55	−1.29

续表

行业类型	受冲击的基准情景类型	行业贸易平衡（十亿美元）				行业附加值（%）			
		中国	非盟	欧盟	美国	中国	非盟	欧盟	美国
机械设备类	一	16.5	-4.6	63.0	-138.6	0.10	-2.72	2.02	-12.22
	二	15.0	-6.5	62.5	-137.5	0.16	-7.06	1.98	-12.17
	三	13.5	-8.5	61.9	-136.5	0.22	-11.41	1.93	-12.12
建材类	一	0.5	-0.1	-4.8	-0.2	-1.94	-1.92	1.68	8.25
	二	0.5	-0.2	-4.8	-0.2	-1.42	-0.79	1.61	8.16
	三	0.5	-0.3	-4.7	-0.2	-0.91	0.33	1.54	8.08
矿产类	一	-9.7	5.2	-29.8	13.5	-0.36	0.18	-2.07	-1.37
	二	-9.0	9.6	-30.8	12.1	-0.23	0.97	-2.17	-1.53
	三	-8.3	14.0	-31.8	10.7	-0.10	1.75	-2.26	-1.68
能源类	一	-14.4	23.7	-24.2	-28.9	-1.38	0.61	-4.01	-5.05
	二	-13.2	28.6	-23.0	-28.0	-2.79	0.94	-4.09	-5.05
	三	-11.9	33.4	-21.7	-27.2	-4.21	1.27	-4.16	-5.04

（三）"一带一路"建设冲击

在冲击情景五基础上，再纳入"一带一路"沿线自由化和便利化协同提升因素，设定冲击情景六：中国与"一带一路"沿线经济体的关税壁垒平均削减80%，非关税壁垒平均削减10%。

GTAP模拟值显示（见表7-8），无论在何种基准情景下，中国贸易活力、经济增速和福利水平得到极显著的提高，并且中非自贸区开放水平越高，"一带一路"引致的正向冲击就越显著，两者耦合同步性强。对非盟来说，中美贸易摩擦、TTIP、"一带一路"三期叠加冲击引致的积极与消极影响并存，既会总体增强非盟进出口活力，但会恶化其贸易条件，在总体促进非盟GDP、福利增长的同时，也会减少其资本存量。此外，欧盟和美国的总体经济发展均会受损，双方的贸易、经济和福利指标均呈现恶化态势。而对"一带一路"沿线经济体的影响与中国类似,均实现贸易、经济、福利总体更好的发展,尤其是会实现 GDP 由负转正的较快增长。

表 7-8 "一带一路"对三种基准情景下中非自贸区达成的经贸冲击影响

组别	受冲击的基准情景类型	进口总量变动(%)	出口总量变动(%)	贸易余额(十亿美元)	贸易条件变动(%)	资本存量(%)	GDP总量指数(%)	社会福利(十亿美元)
中国	一	7.49	6.07	56.5	2.05	0.09	0.82	78.1
	二	8.49	6.22	49.7	2.42	0.16	0.97	95.7
	三	9.49	6.36	42.8	2.78	0.22	1.12	113.3
非盟	一	-1.42	2.36	11.3	-1.78	-0.26	0.65	-0.1
	二	0.58	3.41	8.7	-1.16	-0.14	1.32	17.9
	三	2.58	4.45	6.1	-0.53	-0.02	1.99	35.9
欧盟	一	4.02	2.82	-35.9	0.65	0.12	1.56	272.0
	二	3.94	2.80	-33.4	0.63	0.12	1.56	270.0
	三	3.87	2.79	-30.9	0.61	0.11	1.55	268.0
美国	一	27.09	12.31	-418.5	7.01	0.66	1.58	424.6
	二	26.89	12.30	-414.3	6.94	0.65	1.58	422.4
	三	26.68	12.29	-410.1	6.87	0.64	1.58	420.2
"一带一路"沿线国家	一	-0.24	2.75	96.7	-1.33	-0.21	0.47	-9.4
	二	-0.46	2.73	96.9	-1.49	-0.21	0.47	-14.5
	三	-0.68	2.71	97.2	-1.66	-0.22	0.48	-19.7
全球其他经济体	一	-6.74	1.30	289.9	-2.80	-0.45	-0.17	-195.9
	二	-6.82	1.30	292.4	-2.83	-0.45	-0.17	-198.0
	三	-6.90	1.30	294.9	-2.86	-0.46	-0.18	-200.1

基于表 7-9 可知,中非自贸区达成后,受中美贸易摩擦、TTIP、"一带一路"的三期叠加影响,对中国来说,无论在何种基准情景下,

化工类、能源类行业都呈现贸易逆差且行业附加值下降，其他七大行业整体呈现贸易顺差且附加值亦会提高，但相较之下，对轻纺类、钢铁类、电力类的综合驱动更正向显著。对非盟来说，三期叠加的影响仅利于其矿产类、能源类行业实现贸易顺差和附加值提高，并且从基准情景一、情景二至情景三，中非自贸区开放水平提高均会引致这两类行业的净出口和附加值大幅度提高，会增强其行业竞争力。非盟其他七类行业均会呈现贸易逆差且附加值下降，表明这七类行业会受到"一带一路"建设更大的负向冲击。在三期叠加冲击影响下，无论在何种基准情景下，模拟结果均显示欧盟、美国的行业发展整体会受约束，相较于欧盟，美国受到的负向冲击更大。而对于"一带一路"沿线国家来说，总体上电力类、化工类、能源类行业受益最大。

表7-9 "一带一路"对三种基准情景下中非自贸区达成的行业冲击影响

行业类型	受冲击的基准情景类型	行业贸易平衡（十亿美元）					行业附加值（%）				
		中国	非盟	欧盟	美国	"一带一路"沿线国家	中国	非盟	欧盟	美国	"一带一路"沿线国家
电力类	一	33.5	-1.6	-40.6	-73.4	29.3	1.00	-1.73	-3.95	-5.41	2.96
	二	31.9	-3.1	-40.9	-72.8	31.3	0.83	-4.20	-4.01	-5.38	3.25
	三	30.3	-4.6	-41.1	-72.3	33.2	0.67	-6.68	-4.06	-5.35	3.54
化工类	一	-20.6	-3.6	41.1	-6.4	9.6	-2.63	-1.20	0.71	-5.78	1.58
	二	-22.1	-4.4	41.2	-6.0	10.8	-2.89	-3.06	0.73	-5.71	1.83
	三	-23.7	-5.2	41.2	-5.6	12.0	-3.16	-4.92	0.74	-5.64	2.09
轻纺类	一	41.9	-2.8	-15.0	-40.6	1.6	3.12	-5.97	-0.44	-9.69	-1.45
	二	41.7	-4.8	-14.9	-39.9	2.1	2.94	-11.32	-0.36	-9.30	-1.21
	三	41.5	-6.9	-14.8	-39.2	2.7	2.77	-16.67	-0.27	-8.90	-0.97

续表

行业类型	受冲击的基准情景类型	行业贸易平衡（十亿美元）					行业附加值（%）				
		中国	非盟	欧盟	美国	"一带一路"沿线国家	中国	非盟	欧盟	美国	"一带一路"沿线国家
钢铁类	一	17.1	-1.8	-5.8	-17.0	-7.2	3.26	-5.41	-0.92	-5.03	-3.82
	二	18.2	-2.9	-6.1	-17.0	-7.1	3.63	-9.77	-1.00	-5.05	-3.77
	三	19.4	-3.9	-6.4	-17.0	-7.1	4.00	-14.12	-1.07	-5.07	-3.73
运输设备类	一	7.8	-2.9	63.1	-32.0	-1.3	0.45	-0.74	0.73	-1.22	-0.35
	二	8.8	-4.1	63.0	-31.8	-0.5	0.67	-1.29	0.74	-1.25	-0.30
	三	9.7	-5.2	63.0	-31.6	0.3	0.88	-1.84	0.75	-1.27	-0.25
机械设备类	一	12.5	-3.5	60.0	-134.2	-11.0	0.22	-1.61	1.82	-11.96	-0.54
	二	11.0	-5.5	59.5	-133.2	-9.9	0.28	-5.96	1.78	-11.91	-0.39
	三	9.6	-7.5	58.9	-132.2	-8.9	0.33	-10.30	1.74	-11.86	-0.23
建材类	一	0.2	0.0	-4.4	-0.2	0.3	0.77	-2.35	1.30	7.84	-2.02
	二	0.2	-0.1	-4.3	-0.2	0.4	1.29	-1.22	1.23	7.75	-2.08
	三	0.2	-0.2	-4.3	-0.2	0.5	1.81	-0.10	1.17	7.67	-2.13
矿产类	一	-0.4	5.2	-31.5	13.1	1.1	0.52	0.44	-2.26	-1.40	-0.81
	二	0.3	9.6	-32.5	11.7	1.4	0.66	1.23	-2.35	-1.55	-0.71
	三	1.0	14.0	-33.4	10.3	1.6	0.79	2.01	-2.45	-1.70	-0.61
能源类	一	-14.3	18.0	-22.1	-26.9	45.1	-6.39	0.28	-3.66	-4.94	-0.28
	二	-13.1	22.9	-20.9	-26.1	36.7	-7.81	0.61	-3.73	-4.94	-0.49
	三	-11.8	27.7	-19.4	-25.2	28.3	-9.22	0.94	-3.81	-4.93	-0.70

六、研究总结及建议

积极扩大自贸区"朋友圈"是畅通外循环的重要途径。以中非自贸区达成为模拟事件，本章通过对 GTAP9.0 版数据库包含的 140 个国家/地区、57 个行业归类分组，并设定开放水平有异的三种基准情景，以及依次纳入中美贸易摩擦、TTIP、"一带一路"三种冲击情景，采用 GTAP 模型从经贸和行业层面模拟得到的中非自贸区达成效果。

（1）三种基准情景下，达成中非自贸区整体会驱动中非双方贸易、经济、福利的全面提升，并且自贸区开放水平与驱动强度耦合正相关。相较之下，在贸易、经济两方面对非盟的驱动更加积极，而在福利方面对中国的提升力度稍大。关于行业效应，中国化工类、矿产类、能源类行业会出现贸易逆差，而轻纺类、钢铁类、运输设备类、建材类、矿产类行业附加值会得到提升。非盟矿产类、能源类行业受益更大，既会呈现贸易出超，亦会提高附加值。

（2）考虑中美贸易摩擦对中非自贸区达成效果的冲击，发现其对中非双方的冲击影响异质性强，其中显著不利于中国贸易、经济、福利发展，而非盟经济发展却受到外部经济影响。在行业层面，中国各行业仍均会维持原来的贸易平衡趋势，而轻纺类、机械设备类行业附加值分别会受到更显著的负向、正向冲击，对非盟各行业贸易和附加值的影响均不显著。

（3）进一步考虑 TTIP 影响，发现其达成总体对中非自贸区宏观经济发展不利。但在行业层面，中国电力类、轻纺类、钢铁类发展受益，非盟各行业的贸易顺差或逆差幅度均呈现收敛趋势，尤其会抑制非盟建材类行业附加值的提高。

（4）"一带一路"显著驱动中国贸易活力、经济增速和福利水平提升，对非盟经济发展的影响利弊相参。无论在何种基准情景下，中国轻纺类、钢铁类、电力类行业受益更显著，而仅利于非盟矿产类、能源类行业实现贸易顺差和附加值提高。

（5）达成中非自贸区对中、非双方发展总体有利。中美贸易摩擦造成中美双方经济损失，而非盟、欧盟、"一带一路"沿线国家等均从中受益。达成 TTIP 美国和欧盟受益最大，而促进"一带一路"沿线开放会驱动中国与沿线国家更好发展。

为更好实现中非自贸区的接触、谈判及达成，中非双方需要共同努力，要坚定合作信心，在公平、自愿、共赢的理念指引下，先期做好建设的可行性研究工作，再继续利用好各自产业的比较优势、禀赋优势和规模优势进行深度对接和高质量合作，加强优势互补、产业黏性和供应链合作，以进一步增强自贸区谈判的内生动力，同时要注重自贸区合作的范畴、质量和效率，实现中非自贸区尽早谈判、尽早达成、尽早获益。

第八章 贸易福利视角下"自贸区驱动"的影响效果探究

——以在研自贸区为例

一、引言

经济增长的驱动力问题一直是经济学领域的核心话题，尤其是在经济增长"遇冷"之际，对驱动力问题的研究更显迫切。当前中国经济呈现新常态，经济增长面临下行压力大和增长动力转换问题，具体表现是增长速度下降为中高速、发展动力正转为创新驱动。基于此宏观背景，挖掘经济增长新型驱动力既能缓解经济增长乏力的压力，又可丰富创新驱动类型，凸显了本章研究的意义和必要性。

"自贸区驱动"既利于市场规模扩大，又能促进资源优化配置，即满足熊彼特创新理论中的市场创新和资源配置创新的要求，这表明其属于创新驱动的类型。但"自贸区驱动"影响经济增长的效果如何，还需要理论机理和实证层面的论证。借助贸易效应和福利效应视角，本章将自贸区与经济增长联系起来，从理论基础、作用机制和GTAP实证模拟三方面考察自贸区驱动经济增长的情况，目的是找出经济增长"自贸区驱动"的理论基础、机制依据和实证证据。本章的研究可以"抛砖引玉"，对后续"挖掘"新常态下我国经济增长新型驱动力的研究具有借鉴和启发作用。

二、理论基础

米德（Meade, 1955）的自贸区理论和罗布森（Robson, 2001）的

自贸区理论都是阐述自贸区经济效应的主要理论。前者是直接在维纳（Viner，1950）的关税同盟理论上发展而来的，主要贡献是提出自贸区会带来贸易偏转效应；后者是在米德等学者们对关税同盟理论补充和完善后提出的。本章主要借鉴后者进行相关分析。

通过一国模型对罗布森自贸区理论进行阐述。假定存在 A、B 两国，B 国生产效率高于 A 国，D_A 为 A 国的需求曲线，S_A 为 A 国的供给曲线，S_{A+B} 为两国总供给曲线，P_1 为 A 国产品的价格，P_2 为两国达成自贸区后的价格，P_W 为世界价格，而且 $P_W<P_2<P_1$。

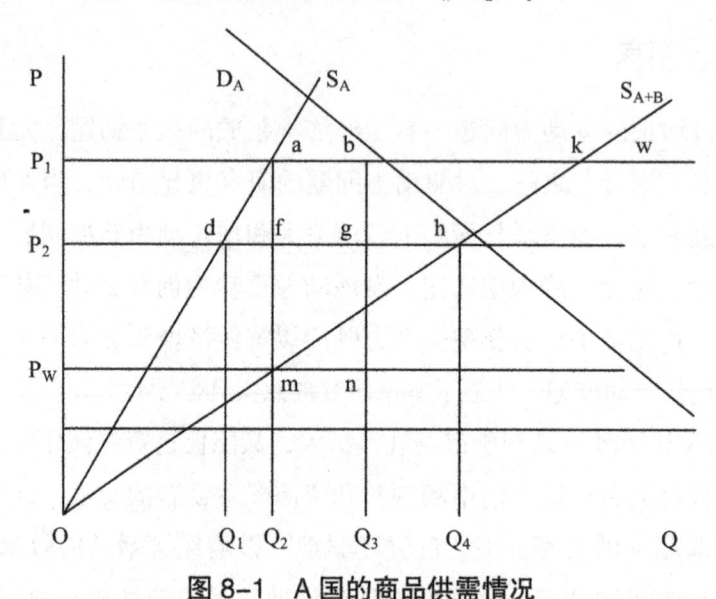

图 8-1 A 国的商品供需情况

根据图 8-1，假定 A 国对进口的每单位商品征收 P_WP_1 水平的关税，由于 $P_W+P_WP_1<P_2+P_WP_1$，则 A 国将以价格 P_W 进口商品。征税后每单位进口商品的价格为 $P_W+P_WP_1=P_1$，此时需求量 Q_3 大于供给量 Q_2，供需之差即为进口数量，用 Q_2Q_3 表示，税收收入用四边形 abnm 的面积表示。

A 和 B 达成自贸区后，若 A 国仍是净进口，由于两国间关税取消，A 国从 B 国进口的贸易成本降低，因为 $P_2<P_W+P_WP_1=P_1$，故 A 国将不会再从世界其他区域进口（产生贸易转移效应），而从 B 国进口该商品（产生贸易创造效应），那么 A 国的商品价格会降为 P_2。此时

A国的供给曲线为P_2hkw。在P_2价格水平上，A国需求量为Q_4，供给量为Q_1，供需之差即为从B国的进口数量，记为Q_1Q_4。达成自贸区对A国福利的最终影响要通过计算增加的消费者剩余与减少的生产者剩余、减少的关税收入来获知，由于增加的消费者剩余为四边形P_1bhP_2的面积，损失的生产者剩余为四边形P_1adP_2的面积，减少的征税收入为abnm=abgf+fgnm。因此，A国的社会福利变动量=P_1bhP_2-P_1adP_2-(abgf+fgnm)=afd+bgh-fgnm，该结果的正负情况不能判断。故建设自贸区是否会带给A国积极的社会福利效应将取决于该结果的正负，若为正值，则表示自贸区会增加A国福利；反之则反；若为零，则表示自贸区不会影响A国的福利总量。

综上可知，自贸区建设会产生贸易效应和福利效应等经济效应，但自贸区能否产生积极的贸易效应和福利效应等经济增长效应尚不确定，因为这将取决于贸易创造效应和贸易转移效应，以及消费者剩余、生产者剩余和关税收入之间抵消后的结果。但这仍为自贸区驱动经济增长提供了理论可能。因此，有必要进行实证论证，以增强说服力。

三、作用机制

自贸区建设能够产生贸易方面和福利方面的静态效应，进而通过这些静态效应影响经济增长。

（一）自贸区、贸易红利与经济增长

自贸区会依靠贸易红利进而驱动经济增长，贸易红利包括贸易效应和消除贸易障碍两方面（见图8-2）。

先阐述自贸区依靠扩大贸易总量进而驱动成员经济增长的情况。自贸区驱动贸易总量扩大的途径包括贸易创造和贸易转移两方面，前者包含供给及消费的贸易创造，表现在自贸区内各成员可通过向有生产优势（效率高、成本低）的自贸区伙伴进口并降低本国同类产品（效率低、成本高）的生产来满足本国消费，这切合亚当·斯密按绝对优势进行分工的观点。这样成员在各自具有生产优势的商品上都可扩

大供给出口，获得更大消费市场，同时自贸区内商品价格下降会刺激消费，进而扩大消费进口。因此，自贸区通过驱动贸易和消费的提高将有利于经济增长。在贸易转移方面，传统关税同盟理论提出贸易转移降低同盟内进口成员的经济福利水平，却忽略了贸易转移带来的有利影响，即有利于扩大同盟内部的整体贸易流量及贸易总额，进而利好于经济增长。

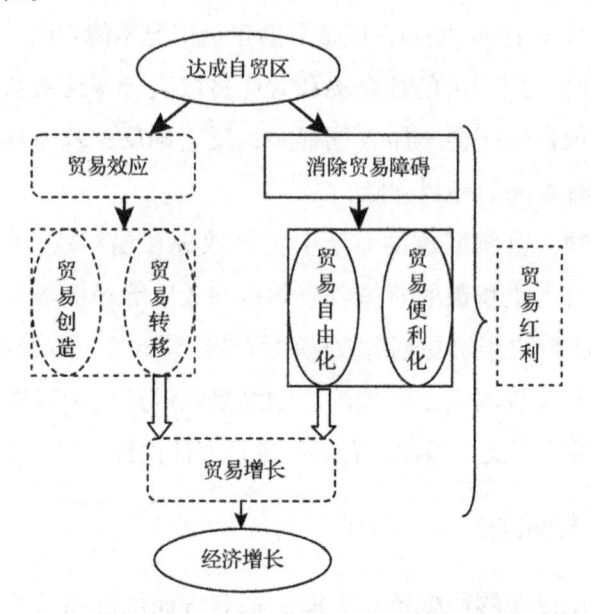

图 8-2　自贸区、贸易红利与经济增长示意图

再从贸易自由化和便利化的角度分析。自贸区削减关税和非关税壁垒进而提高区内的贸易自由化和便利化程度，会直接降低货物贸易、投资贸易及服务贸易等的交易成本，提高货物和要素等的流通速度，营造良好的贸易环境，促进贸易交往和贸易增长，并最终有利于经济增长。

（二）自贸区、福利效应与经济增长

度量社会福利水平的经济学方法包括消费者剩余和生产者剩余变化、贸易商品种类多样性变动、无差异曲线移动和帕累托改进与否等。本部分采用了前两种方法。

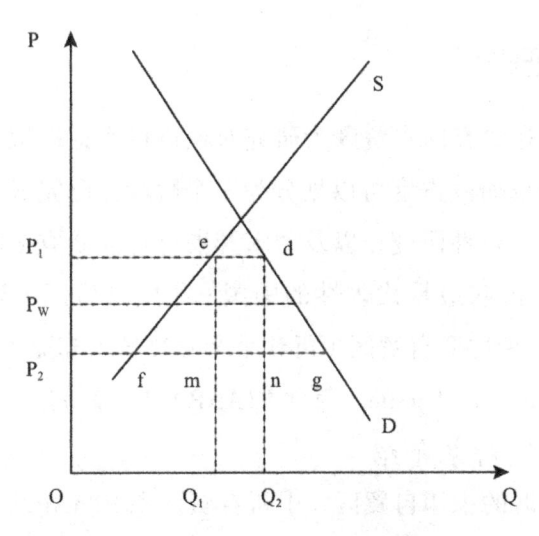

第八章 贸易福利视角下"自贸区驱动"的影响效果探究——以在研自贸区为例

首先采用局部均衡方法分析自贸区通过影响消费者剩余和生产者剩余，进而能驱动经济增长的情况（见图8-3）。假设无运输成本，P_1和P_2分别表示M国和N国r产品的价格，P_W表示r产品的世界价格，而且$P_1>P_W>P_2$。在P_1价格下M国r产品存在供需缺口Q_1Q_2，故需进口。对于进口的每单位r产品M国征收P_1P_2大小的关税，由于$P_W>P_2$，征税后仍会有$P_W+P_1P_2>P_2+P_1P_2$，故M国会从N国进口r产品，这样M国获得关税收入，大小可用四边形ednm的面积表示。当两国建立自贸区后，M国免除N国的进口关税，此时N国以P_2的价格向M国出口r产品，由于$P_2<P_1$，M国r产品价格会降到P_2。此时M国的福利变动情况是获得消费者剩余$P_1dg\,P_2$和损失生产者剩余$P_1ef\,P_2$，以及损失了关税收入ednm。由于$P_1dg\,P_2-P_1ef\,P_2-ednm=efm+dng$，三角形efm和dng分别表示生产利得和消费利得，因此M国消费者福利是提高的。消费者福利提高可以理解为购买相同数量的商品花费更少，按照收入法计算经济总量，这有利于经济增长。

图8-3 A国r产品市场供需情况

自贸区也会通过促进贸易商品的多样性增加，进而提高福利水平并利好于经济增长，下面运用克鲁格曼（Krugman，1979）的新贸易理论来具体说明。达成自贸区后成员间会相互开放市场，根据新贸易理论的观点，区内每种商品都面临着更多的消费者（由 L 增加到 L+L*），自由贸易将造成 PP-ZZ 模型中 ZZ 曲线左移，使得单个消费者对任一商品的消费量下降（由 c 缩减为 c-c*），在长期均衡状态下，将带来产品种类的增多（由 n 增加到 n*）。用式（8-1）和式（8-2）表示商品种类的变化：

$$n=\frac{1}{\frac{\alpha}{L}+\beta c} \quad (8-1)$$

$$n^*=\frac{1}{\frac{\alpha}{L+L^*}+\beta(c-c^*)} \quad (8-2)$$

由式（8-1）和式（8-2）可知 n*>n，这表明自贸区内的自由贸易增加了产品的多样性，按照萨伊定律的"供给创造需求"观点，消费者的消费欲望和消费支出将会提高。因此在消费者福利水平得到提高的同时，消费支出增加也驱动了经济增长。

四、实证研究

以中国正在研究的自贸区为研究对象进行实证模拟。目前中国在研的自贸区根据研究进度可以划分为三个阶段：已完成联合可行性研究、正在进行可行性研究，以及力求开展可行性研究三阶段。从这三个阶段中分别选取最具代表性的中国—印度自贸区（简称中印自贸区）、中国—哥伦比亚自贸区（简称中哥自贸区）和亚太自贸区（Free Trade Area of the Asia-Pacific，简称 FTAAP）进行研究。

（一）研究对象介绍

本研究选取的中印自贸区、中哥自贸区和 FTAAP，它们不仅谈判进展各不相同，谈判简况及前景方面也各有千秋。

1. 已完成联合可行性研究的中印自贸区

中印自贸区可行性研究工作始于 2005 年，2006 年进行了首轮工作组会议，2007 年就如期完成了联合研究报告，可见研究工作进展迅速。但在可行性研究完成后至今，该自贸区始终未启动正式谈判，一直在研究阶段和谈判阶段之间徘徊不前。根据商务部、外交部和中国自由贸易区服务网等公布的信息分析，该自贸区谈判至今仍未有最新进展，尚未有启动正式谈判的明显动作，这表明该自贸区谈判已陷入停滞状态。造成停滞局面的原因既有双方存在政治纠纷、领土争端等非经济因素的干扰，又有印度对参与自由化微持消极态度的因素，这既表现在曾因为印度政府的反对，使得 2014 年 WTO 力推的《贸易便利化协定》谈判进展受挫，还表现在 RCEP 谈判中，也由于印度较低的自由化目标要求使得 RCEP 谈判分歧增大，并且在 2020 年印度最终放弃签订 RCEP。但随着我国"一带一路"建设的推进，印度作为"丝绸之路经济带"和"21 世纪海上丝绸之路"的双重节点和枢纽国家，是我国通往西亚、欧洲和非洲的重要桥梁。因此，我国势必会主动加大推动谈判的力度，尽快推动中印自贸区谈判取得进展。

2. 正在进行可行性研究的中哥自贸区

中哥自贸区的联合可行性研究始于 2012 年，目前仍处于研究论证阶段。相较于中印自贸区可行性研究完成的速度，中哥自贸区可行性研究进度偏慢。但双方地理位置相隔远，无政治、外交和领土争端，而且中国与哥伦比亚的自贸区谈判接触，是中国在继智利、秘鲁和哥斯达黎加之后与拉美经济体进行的第四个自贸区谈判研究。尽管至今仍未结束可行性研究工作，但中哥双方达成自贸区的态度积极，2015 年李克强同志访问哥伦比亚期间，中哥双方又重申了继续推进自贸区可行性研究工作的重要性；2016 年王毅同志出访哥伦比亚时，表达了中方想要加快与哥方签订自贸协定的相关意愿；2019 年中哥双方签署了"一揽子"推进自由贸易的协议，如《加强农业投资贸易合作谅解备忘录》《电子商务合作谅解备忘录》《鳄梨输华谅解备忘录》等，这都为双方间最终达成自贸区增添了源源不断的推动力。因此该自贸区谈判前景预计相对较乐观。

3. 力求开展可行性研究的 FTAAP

建成 FTAAP 是亚太经合组织（APEC）长期建设的远景目标。APEC 是非约束性质的论坛性国际合作组织，而 FTAAP 是具有制度性和约束性的区域经济一体化组织，它比 APEC 在合作程度上更进一步。成立 FTAAP 的设想在 1994 年 APEC 提出的"茂物目标"（力求发达经济体和欠发达经济体成员分期实现货物贸易和投资贸易自由化）中已显露端倪，而正式提出是在 2004 年 APEC 工商咨询理事会提交的名为《亚太自由贸易区方案的初步评估：为 ABAC 准备的一份文件》的报告中，但当时 APEC 成员间关于建立 FTAAP 的分歧也较大，因此 FTAAP 并未列入当年的 APEC 峰会讨论议程。直到 2007 年和 2008 年的 APEC 峰会上各成员关于建设 FTAAP 的意见开始逐渐接近，特别是在 2014 年的北京 APEC 峰会上，FTAAP 建设进程正式启动。2021 年发布的《2040 年亚太经合组织布特拉加亚愿景》中对最终要实现 FTAAP 进行了强调。但由于美国担心其在亚太经贸合作中的主导地位会因 FTAAP 受关注和发展而受到削弱和冲击，故阻挠 FTAAP 进行进一步建设。因此 FTAAP 至今未能启动可行性研究，也尚未有何时达成的明确目标期限，但总体上 FTAAP 正在朝着积极的建设方向不断迈进。

（二）模型简介

GTAP 是由普渡大学（Purdue University）推出的一种多区域多部门的可计算一般均衡模型（Computable General Equilibrium，CGE），主要功能是预测分析经济贸易一体化的效果及影响，是一种对经济贸易政策影响与效果进行事前评估的经济模型，而且 GTAP 模型是目前事前估计经济效应的最主要的方法。通过 GTAP 模拟获得的结果对决策判断十分有帮助。

在 GTAP 模型实际模拟操作过程中，GTAP 模型主要通过 GTAPAgg 软件将数据库中包含的众多经济体和行业部门依据研究需要分别进行规整分类，并在设定合理模拟情景的基础上，运用 RunGTAP 软件进行经济贸易政策的影响及效果模拟。

（三）模拟设计

根据研究需要利用 GTAPAgg 软件对其包括的所有经济体和产业部门进行分组研究。

1. 经济体分组

所有经济体归整为中国、哥伦比亚、印度、FTAAP[①] 和全球其他经济体共五大经济体。

2. 产业部门分组

分组详情如表 8-1 所示。

表 8-1 产业部门分组详情

分组名称	包括部门
初级农产品	水稻、麦子、谷类粮食、蔬菜水果及坚果、油类作物、糖类作物、木材、鱼类、其他初级农产品
深加工农产品	植物纤维、可食用动植物油、乳制品、谷类制品、糖、食品、饮料类及烟草类制品
畜牧品	家畜牛羊马、动物制品、原料奶、羊毛及丝、牛羊马肉、肉制品
能源矿产	煤、油、天然气、铁金属、其他金属、其他矿物质
轻工业产品	革制品、木制品、纸制品、纺织品
重工业产品	石油及煤制品、化学及塑胶制品、矿产制品、金属制品、机动车及配件、运输设备、电力设备、机械设备、其他制造业产品
建筑业	建筑行业
生活能源	电、煤气及天然气等、水
服务业	贸易、运输业、海运、航运、通讯、金融业、保险业、商业、娱乐业、公共管理/国防/医疗/教育、住房

根据经济体分组和产业部门分组的情况，最终形成 5×9 形式的模型。

---

① 此处假定 FTAAP 囊括 APEC 的全部 21 个成员，即澳大利亚、日本、韩国、新西兰、中国、巴布亚新几内亚、加拿大、智利、中国香港、墨西哥、秘鲁、美国、中国台湾、俄罗斯、文莱、菲律宾、泰国、新加坡、越南、印度尼西亚和马来西亚。但 GTAP8.01 版数据库未给出巴布亚新几内亚和文莱的单独数据，因此此处的 FTAAP 未包含这两国的数据，另外中国单列。因此 GTAP 分组时的 FTAAP 只包括 18 个成员的数据。

3. 关税和非关税壁垒削减设定

由于中印自贸区、中哥自贸区和 FTAAP 都尚未进入正式谈判阶段，因此在进口关税壁垒（TMS）和非关税壁垒（包括技术性贸易壁垒 AMS 和出口补贴 TXS）的削减幅度上无谈判内容可参考。因此本研究参考近年来中国已达成自贸区的自由化和便利化情况，在不影响研究结论大方向的前提下对这三大自贸区关税和非关税壁垒削减幅度的设定尽量简化，故假定这三大自贸区达成后进口关税壁垒平均削减幅度均为 80%，非关税壁垒（包括技术性贸易壁垒和出口补贴）平均削减幅度均为 10%。

4. 模拟情景假定

情景一：中哥自贸区达成，中印自贸区和 FTAAP 未达成。

情景二：中印自贸区达成，中哥自贸区和 FTAAP 未达成。

情景三：中哥自贸区和中印自贸区都达成，FTAAP 未达成。

情景四：中哥自贸区、中印自贸区和 FTAAP 都达成。

情景五：中哥自贸区、中印自贸区和 FTAAP 都达成，各成员间的进口关税壁垒平均削减幅度为 90%，非关税壁垒平均削减幅度为 15%。

情景六：中哥自贸区、中印自贸区和 FTAAP 都达成，各成员间的进口关税壁垒平均削减幅度为 100%，非关税壁垒平均削减幅度为 20%。

从情景一到情景四主要考察自贸区达成数量对中国经济增长的驱动情况。其中情景一和情景二又在考察达成自贸区的伙伴的经济规模不同对中国经济增长的驱动影响情况，这都是横向比较。纵向比较是从情景四到情景六，考察已达成自贸区的自由化和便利化水平不断提高对中国经济增长的驱动情况。

（四）实证结果

从对外贸易增长效应和社会福利提高效应两方面对自贸区驱动中国经济增长的具体情况进行分析。

1. 对外贸易增长效应

先对自贸区驱动各成员，尤其是驱动中国对外贸易增长的情况进行横向比较，即对情景一到情景四下各指标的模拟数值进行比较。

表8-2　对外贸易增长效应的GTAP模拟结果横向观察

组别	进口总量变动率（%）				出口总量变动率（%）			
	情景一	情景二	情景三	情景四	情景一	情景二	情景三	情景四
中国	0.19	2.01	2.2	35.01	0.11	1.29	1.4	25.16
哥伦比亚	3.91	−0.05	3.74	1.66	3.69	−0.01	3.6	2.48
印度	−0.02	6.66	6.63	3.59	−0.01	7.11	7.08	4.8
FTAAP	−0.02	−0.12	−0.14	2.7	−0.01	−0.07	−0.08	2.33
全球其他经济体	−0.01	−0.07	−0.07	−0.91	0	−0.03	−0.03	−0.31

组别	贸易余额变动量（百万美元）				贸易条件变动率（%）			
	情景一	情景二	情景三	情景四	情景一	情景二	情景三	情景四
中国	167	1735	1900	29202	0.05	0.44	0.49	3.89
哥伦比亚	−153	−1	−151	−44	0.1	−0.05	0.01	−0.83
印度	−2	−2 216	−2 215	−785	−0.01	0.23	0.22	−0.75
FTAAP	59	477	531	−45 225	−0.01	−0.05	−0.06	−0.34
全球其他经济体	−71	−2	−74	16 852	0	−0.04	−0.04	−0.38

根据表8-2，总体上看，各自贸区达成后都会对成员的外贸增长产生正向驱动作用，显示出联动性特征，而且自贸区规模越大对成员的正向驱动也越大。同时对非成员（全球其他经济体）的外贸增长将产生外部不经济，而且自贸区规模越大对非成员的外部不经济也越大。重点分析自贸区达成对中国外贸增长的驱动情况，总体上三大自贸区达成后均会驱动中国外贸增长。具体来讲，与经济总量越大的经济体达成自贸区对中国贸易增长的驱动作用越大，情景一和情景二验证了实证结果。在情景一下，中哥自贸区达成后对中国进口总量增长率、

出口总量增长率、贸易顺差和贸易条件的驱动影响分别为提高0.19%、0.11%、167百万美元和0.05%；而在情景二下，中印自贸区达成后，相同指标的提高幅度分别为2.01%、1.29%、1735百万美元和0.44%。此外，自贸区达成数量越多对中国外贸增长的驱动作用越大。尤其是在情景四下，三个自贸区都达成后对中国外贸增长的驱动作用达到峰值，将推动中国进口总量提高35.01%，出口总量提高25.16%，贸易顺差增加29202百万美元，贸易条件改善3.89%。

再对自贸区驱动各成员，尤其是中国的对外贸易增长情况进行纵向比较，即比较从情景四到情景六下各指标的数值。

表8-3 对外贸易增长效应的GTAP模拟结果纵向观察

组别	进口总量变动率（%）			出口总量变动率（%）		
	情景四	情景五	情景六	情景四	情景五	情景六
中国	35.01	51.81	70.04	25.16	37.12	49.93
哥伦比亚	1.66	2.24	2.91	2.48	3.5	4.74
印度	3.59	5.18	6.82	4.8	6.9	9.14
FTAAP	2.7	3.81	4.99	2.33	3.28	4.3
全球其他经济体	−0.91	−1.3	−1.69	−0.31	−0.45	−0.59

组别	贸易余额变动量（百万美元）			贸易条件变动率（%）		
	情景四	情景五	情景六	情景四	情景五	情景六
中国	29202	46740	66836	3.89	5.57	7.26
哥伦比亚	−44	−60	−82	−0.83	−1.27	−1.81
印度	−785	−1115	−1577	−0.75	−1.06	−1.42
FTAAP	−45225	−68526	−93932	−0.34	−0.55	−0.8
全球其他经济体	16852	23015	28865	−0.38	−0.55	−0.71

根据表8-3，随着我国达成自贸区的贸易自由化和便利化水平不断提高，自贸区对各成员外贸增长的驱动作用也在增大，同时对非成员

的外部不经济影响也在增强。主要分析各自贸区达成对中国外贸的驱动影响。由表8-3可知，中国的各指标数值都呈不断增大趋势，从情景四到情景六，中国进口总量的提高幅度从35.01%一直到70.04%，出口总量的提高幅度从25.16%一直到49.93%，进出口贸易总量提高得到有力驱动；贸易余额从29202百万美元一直到66836百万美元，贸易顺差不断扩大；贸易条件改善幅度从3.89%一直到7.26%，表明单位出口商品价格相对于单位进口商品价格是提高的，出口的盈利能力不断提高。以上分析表明在既有自贸区基础上继续提高其自由化和便利化水平将持续增强对中国经济增长的驱动作用，这为中国开展自贸区的升级版谈判、第二阶段谈判提供了经济依据。

2. 社会福利提高效应

根据情景一到情景四下社会福利变动的各模拟数值，先横向比较各自贸区达成对各成员，尤其对中国社会福利的驱动情况。再根据情景四到情景六下社会福利变动的数值进行纵向比较。

先进行横向比较。根据表8-4，从情景一到情景四，无论是何种情景，自贸区达成都将提高各成员的社会福利水平，这也体现出联动性特征，而且对中国福利增长的驱动力远大于对同一自贸区的其他成员的驱动力。同时也表现出随着达成的自贸区数量和成员数量的增加，自贸区对中国社会福利的驱动力增强的趋势。具体分析，从情景一到情景四，中国社会福利水平的增加额分别为862百万美元、9301百万美元、10147百万美元和181143百万美元。各自贸区成员也从达成的自贸区受益，社会福利水平有不同程度的提高。此外，对非成员的福利水平的消极影响仍随着中国自贸区达成数量的增加而持续增强。

再进行纵向比较。根据表8-4，从情景四到情景五，在保持中国达成的自贸区数量不变的前提下，继续加大对各自贸区的关税和非关税壁垒削减幅度，亦即提高各自贸区的贸易自由化和便利化水平，中国和各自贸区成员的社会福利水平都表现出不断提高的趋势。其中中国的社会福利的增加额将从181143百万美元提高到275552百万美元，再一直提高到 376896 百万美元，其他自贸区成员的社会福利水平也将得到不同程度的提高。

表 8-4 社会福利提高效应的 GTAP 模拟结果横向和纵向观察

组别	社会福利变动量（百万美元）					
	情景一	情景二	情景三	情景四	情景五	情景六
中　国	862	9301	10147	181143	275552	376896
哥伦比亚	480	-15	453	126	209	273
印　度	-22	6759	6725	2568	4426	6223
FTAAP	-421	-3078	-3481	84016	131068	181429
全球其他经济体	-265	-3510	-3760	-41209	-58640	-75822

五、研究总结及发展建议

基于贸易福利的视角，通过理论构建、机制梳理和实证研究，能够得出"自贸区驱动"可以在提高成员贸易和福利的基础上驱动经济增长的结论。

具体来看，理论构建结果表明自贸区达成后产生的贸易效应和福利效应能够影响经济增长，但由于涉及贸易创造效应、贸易转移效应，以及消费者剩余、生产者剩余、关税收入等一系列经济效应，这些效应相互之间正负抵消之后，最终是否能够对自贸区成员产生积极的经济效应尚无法确定，需要通过实证研究进行具体的验证支撑。在理论模型基础上对作用机制的推导认为自贸区会通过产生贸易红利进而驱动经济增长。贸易红利主要包括贸易效应（贸易创造效应和贸易转移效应）和消除贸易障碍（取消或降低关税和非关税壁垒、提高贸易自由化和贸易便利化水平）两方面，但不论是贸易效应还是消除贸易障碍均会通过促进贸易增长进而刺激经济增长。自贸区亦可以通过提高社会福利水平进而驱动经济增长，采用消费者剩余和生产者剩余变化、贸易商品种类多样性变动两种衡量福利水平变动方法的研究表明，局部均衡分析方法下自贸区能够通过获得生产利得和消费利得进而驱动经济增长；Krugman新贸易理论分析方法下自贸区也能通过增加贸易商品的多样性，从而提高福利水平并最终有利于经济增长。

GTAP实证结果发现，无论是中印自贸区、中哥自贸区还是FTAAP单独或一起达成后，都能通过对外贸易增长效应和社会福利提高效应，对包括中国在内的各成员产生积极的经济增长影响。具体来看，不论在何种情景下，对外贸易增长效应都将给中国和自贸区伙伴在进口总量、出口总量、贸易顺差和贸易条件方面带来提高或改善；社会福利提高效应都将给中国和自贸区伙伴带来社会福利总量的提高，均表现出正向联动性特征，同时对非自贸区成员的贸易和福利产生外部不经济，表现出负向联动特征。横向比较发现，自贸区达成数量越多、覆盖伙伴数量越多的自贸区对中国经济增长的驱动力越大，两者正相关；在相同关税和非关税壁垒削减幅度下，与经贸大国达成的自贸区将会带给中国经济增长更大驱动力，与经贸小国或者非中国主要贸易伙伴达成自贸区，对中国经济增长产生的驱动力则相对较弱。纵向比较发现，在自贸区已达成基础上继续削减关税和非关税壁垒，即进行已有自贸区的升级版谈判或者第二阶段谈判等深化合作的举措，"自贸区驱动"会发挥更大的驱动力。总之，本章研究得出"自贸区驱动"是能够驱动经济增长的有效"创新驱动"类型之一的结论。

为了更好地发挥经济增长"自贸区驱动"的效能，需要结合目前中国自贸区发展的现实情况和中国新一轮对外开放、构建开放型经济新体制的要求来谋划大棋局。既要谋子，即加快自贸区谈判步伐、增加自贸区谈判数量和提高自贸区谈判质量；更要谋势，即为中国自贸区驱动进行顶层设计，不能自下而上或仅凭市场自发驱动。在宏观上做好自贸区建设的整体规划，在微观上认真对待、开启和研究每一个自贸区谈判。

第九章　对内陆开放型经济试验区驱动区域改革开放的思考

基于第二章至第八章的研究可知,自贸试验区和自贸区建设作为中国对外开放、自由便利的两大抓手,的确可以通过加速试验和适应新一代国际高标准经贸规则和"印太经济框架"(Indo-Pacific Economic Framework for Prosperity,IPEF)谈判提出的新标准要求,以及获得新的广阔、自由、便利、统一的国内外大市场,有效维护好外部资源的供给口径和范畴,不断开拓新市场,实现贸易对象的替代、供应链的补链重建和国际话语权的提升等,推动中国高质量发展。因此,本书的研究丰富和拓展了自由开放影响效果的探究视角,证实了"自贸试验区驱动"和"自贸区驱动"效果的存在及可靠性,为中国坚定不移执行自贸试验区战略和自贸区战略,优化中国自贸试验区布局、推进自贸区发展提供了理论支撑和政策菜单。

内陆开放型经济试验区(Inland Opening-up Pilot Economic Zone,IOPEZ)作为中国专门支持内陆省份开放发展的重要载体,需要积极参考"自贸试验区驱动"和"自贸区驱动"的影响效应,发挥好自由开放的"内陆开放型经济试验区驱动"作用。

目前中国已经在江西、宁夏、贵州分别设立 IOPEZ,作为覆盖省级全域、全业的试验区,这三个省份需要充分发挥 IOPEZ 的政策优势,助力本省份积极打造成为新时代改革开放的新高地。

一、厘清 IOPEZ 赋能改革开放的机制

（一）规则创新机制

内陆开放型经济试验区跟自贸试验区一样，也带有开放创新"基因"，通过贸易、投资、治理、服务等方面的多维度规制创新和一定程度的变革，其可以更快更好地借鉴和对接国外高标准的改革开放发展经验和规则，并通过先行先试的"干中学"与进一步的应用实践，不断孕育出改革开放的发展"良种"，创新得到"一揽子"保障江西、宁夏、贵州深入改革开放的法规政策、管理模式和监管机制，不断助力这三省份打造成为改革开放的新高地。

（二）投资激发机制

拥有更高开放水平的 IOPEZ，其较高程度的自由化、便利化、宽松化、扩大化的引资政策，以及借鉴自贸试验区的准入前国民待遇、负面清单管理制度，对投资的规模和质量有显著虹吸和筛选作用。大量且优质的资本涌入既会触发"污染光环"效应，实现市场主体间生态环保的竞优博弈，也会通过直接提升地区的经济水平与收入福利，不断增强政府、企业、民众对改革开放的认知及配合拥护，助力江西、宁夏、贵州打造成为改革开放的新高地。

（三）产业优化机制

相较于保税区、出口加工区、保税物流园区、保税港区、综合保税区和跨境工业区等类型的海关特殊监管区域，IOPEZ 拥有更大的改革、创新、开放优势，加之瞄准建成国内外领先、重点、特色产业集群的目标定位，决定了其拥有优化升级区内产业结构布局的引导控制能力和内生动力，能够不断驱动产业在区内外的区位选择、分工调整及延链补链，实现地区产业布局的合理化和产业结构的高级化，从而有助于江西、宁夏、贵州改革开放新高地的打造。

（四）技术传导机制

在政策、使命、内生需求等多重牵引下，IOPEZ 力争成为全面转型

发展引领区，因而对科技的研发、创新与应用有迫切需求。而借助较高程度开放的制度优势和"试验区"特质，IOPEZ可以更高效地对国际先进改革开放经验及科学技术进行试用消化和利用创新，促进江西、宁夏、贵州相关产业规模扩大、效率提升、效益增加，并对地区技术落后产能形成"挤出效应"，从而有助于这三省份打造成为改革开放的新高地。

（五）竞争增强机制

IOPEZ依托较高水平的制度型开放积极对接国际高标准经贸规则，对企业深度嵌入全球生产链、供应链、价值链有显著拉动作用，但同时也引致高质量的外资进入而诱发"鲇鱼效应"，企业为求生存争夺市场份额，有主动或被倒逼采用创新技术进行高质量生产、扩大生产规模、增强国内外竞争力的动力及行动，进而有助于改革开放的发展，可推动江西、宁夏、贵州打造成为改革开放的新高地。

二、发挥好 IOPEZ 赋能区域改革开放的作用

（一）立足规制创新，发挥赋能保障作用

规制创新是 IOPEZ 的重要任务，也是江西、宁夏、贵州打造内陆改革开放新高地的切实保障。因此，一要精准设计创新制度。支持不同类型、定位、功能的地市，走特色化、差异化、错位化改革开放发展道路，对各自发展中遇到的制度短板和堵点予以更精准的改革开放规制支持，切实保障各地市改革开放高质量推进。二要系统集成制度体系。通过健全改革开放推进体制、创新改革开放管理模式、完善改革开放成果实现机制、优化改革开放责任追溯及容错纠错制度等，形成系统科学的 IOPEZ 改革开放制度体系。三要强化改革开放制度执行效果。对制度创新成果赋予行政、法规、条例等强制形式，确保创新和改革成果规则的高效推广和执行，实现源头、过程和结果的全链条、全要素、全领域奖惩管理。

（二）把控引资质量，发挥赋能驱动作用

IOPEZ作为一项经济扰动政策，能否为江西、宁夏、贵州打造内陆改革开放新高地提供不竭的正向驱动，关键在于对引资规模、质量和流向的把控。为此，一要拓宽投融资渠道。可设立针对低碳生产、特色产品的专项补贴、绩效奖励、重点采购，鼓励金融机构加快服务于产品创新，以提供优惠、便利、综合的改革开放信贷服务，以及出台激励政策刺激外商投资和民间资本的流入参与。二要做好筛选引导。充分依托负面清单等过滤手段和已有监督机制，通过"一票否决"、门槛降低、程序简化、优惠倾斜等引资把控手段，在吸引更多更大规模投资流入的同时，引导资金流向创新生产、基建设施完善、技术研发转化等领域，不断为江西、宁夏、贵州打造内陆改革开放新高地提供不竭的资金支持。

（三）加快产业优化，发挥赋能固基作用

产业优化升级是赋能江西、宁夏、贵州打造内陆改革开放新高地的长效基础，不同省份的IOPEZ应根据自身建设目标和功能定位，通过不断引导产业优化调整来夯实本省改革开放发展的产业基础。一要速调整、促转型，即加快落后产能淘汰、重污染企业压减、重点领域低碳转型、非定位产业转移，实现对现有业态结构的深度调整，做到"打扫干净屋子再请客"。二要设机制、优环境，即通过政策、资金、监管、技术、设施的配套支持，完善构建高效便捷的产业准入、激励、补偿和退出机制，营造良好的产业优化环境，疏通掣肘产业调整的堵点和难点。三要丰类型、强链条，即大力培育和支持符合自身优势、定位的新兴、高端、现代、创新、特色产业广泛布局和扩大规模，并带动对区外产业的延链、补链、强链发展，形成内外耦合的地区产业链生态系统。

（四）激励技术研发，发挥赋能加速作用

科学技术是加速江西、宁夏、贵州打造内陆改革开放新高地的"利器"，IOPEZ要多措并举激励科学技术研发：一要营造科学技术研

发的良好氛围。通过税收政策支持、重点资金投入、完善绩效奖励，提升研发的积极性；通过搭建共享平台、开展技术互助、加大开放力度，提高技术交流的便利性；通过设立科技中心、支持转化示范、实施容错纠错，增强技术创新的保障性。二要构建技术研发的支撑体系。从加强环境科技国际合作、完善绿色科技供应链、加强技术改造和升级、促进科学技术交叉融合、加快科技人才引进培养等方面，设置全领域、全要素、全过程的支撑体系，促进环保技术创新效能的整体提升。三要加快技术成果的推广应用。既要加强对技术赋能改革开放经验的总结评估，又要加大宣传力度，增强社会主体对科学技术的认知与信赖，还要建立技术成果的共享机制，设计多层次、多路径的推广方案。

（五）对标国际新规则，发挥赋能倒逼作用

通过积极对标国际一流创新规则及标准，在IOPEZ内开展相关抗压测试，对倒逼实现企业间活动的逐顶竞争有助力。为此，既要通过鼓励外商投资创新项目、跨国企业设立科学技术研发中心、增加先进改革治理与创新技术引进、扩大科技服务等生产性服务进口等，创造本土企业"与狼共舞"直面竞争的挑战和机遇，倒逼企业加快对国际高水平创新改革理念、技术、标准、经验的学习和借鉴；也要充分利用好IOPEZ的天然优势，通过密切关注高标准自贸协定提出的自由化便利化议题、积极承办国际改革开放交流活动等，加强对国际最新改革开放动态的了解、学习，并通过加大测试力度、加快经验总结、加强复制推广等为本土企业适应并利用好国际高水平改革开放规则做好充分准备。

参考文献

[1] Abadie A, Diamond A, Hainmuelle R J. Synthetic Control Methods for Comparative Case Studies: Estimating the Effect of California's Tobacco Control Program [J]. Journal of the American Statistical Association, 2010, 105 (490): 493-505.

[2] Acemoglu D, Restrepo P. The Race between Man and Machine: Implications of Technology for Growth, Factor Shares, and Employment [J]. American Economic Review, 2018, 108 (6): 1488-1542.

[3] Adeleye B N, Sankaran A, Jamal A. Internationalization-industrial Output Nexus: Evidence from 15 Late-industrialized Economies [J]. Journal of Public Affairs, 2021, 22 (1): 1-9.

[4] Aguiar A, Chepeliev M, Corong E, et al. The GTAP Data Base: Version 10 [J]. Journal of Global Economic Analysis, 2019, 4 (1): 1-27.

[5] Ahmed Y N, Delin H, Reeberg B G, et al. Is the RCEP a Cornerstone or Just Collaboration? Regional General Equilibrium Model Based on GAMS [J]. Journal of Korea Trade, 2020, 24 (1): 171-207.

[6] Akbari M, Azbari M E, Chaijani M H. Performance of the Firms in a Free-Trade Zone: The Role of Institutional Factors and Resources [J]. European Management Review, 2019, 16 (2): 363-378.

[7] Amighini A, Sanfilippo M. Impact of South-South FDI and Trade on the Export Upgrading of African Economies [J]. World Development, 2014, 64 (5): 1-17.

[8] Amiti M, Konings J. Trade Liberalization, Intermediate Inputs,

and Productivity: Evidence from Indonesia [J]. The American Economic Review, 2007, 97(5): 1611-1638.

[9] Amiti M, Freund C. The Anatomy of China's Export Growth [M]. Chicago: University of Chicago Press, 2010.

[10] Baba A, Kaneko F, Advincula R C. Polyelectrolyte Adsorption Processes Characterized in Situ Using the Quartz Crystal Microbalance Technique: Alternate Adsorption Properties in Ultrathin Polymer Films [J]. Colloids & Surfaces A Physicochemical & Engineering Aspects, 2000, 173 (1-3): 39-49.

[11] Balassa B. The Theory of Economic Integration [M]. Homewood, Illinois: Richard D. Irwin, Inc., 1961.

[12] Baldwin R. Towards an integrated Europe [R]. London: CERP, 1994.

[13] Baldwin R, Freeman R. Risks and Global Supply Chains: What We Know and What We Need to Know [J]. Annual Review of Economics, 2022, 14 (8): 153-180.

[14] Bas M, Strauss-Kahn V. Input-trade Liberalization, Export Prices and Quality Upgrading [J]. Journal of International Economics, 2015, 95 (2): 250-262.

[15] Bhagwati J. Free Trade Today [M]. Princeton, NJ: Princeton University Press, 2002.

[16] Bhagwati J. Regionalism and Multilateralism: An Overview [M] // Jaime M, Arvind P. New Dimensions in Regional Integration. New York: Cambridge University Press, 1993.

[17] Bhagwati J. Trade Policy: The Infatuation with Free Trade Areas [M] // Jagdish B, Anne O. Krueger, The Dangerous Drift to Preferential Trade Agreement. Washington, D.C.: The AEI Press, 1995.

[18] Bolle M J, Williams B R U S. Foreign-trade Zones: Background

and Issues for Congress [R] .CRS Report for Congress, 2012.

[19] Borrmann A, Busse M, Neuhaus S. Institutional Quality and the Gains From Trade [J] . HWWA Discussion Papers, 2006, 59 (3): 345-368.

[20] Borsky S, Leiter A, Pfaffermayr M. Product Quality and Sustainability: The Effect of International Environmental Agreements on Bilateral Trade [J] . The World Economy, 2018, 41 (11): 3098-3129.

[21] Brandi C A. Sustainability Standards and Sustainable Development-Synergies and Trade-Offs of Transnational Governance [J] . Sustainable Development, 2017, 25 (1): 25-34.

[22] Bustos P. Trade Liberalization, Exports, and Technology Upgrading: Evidence on the Impact of MERCOSUR on Argentinian Firms [J]. The American Economic Review, 2011, 101 (1): 304-340.

[23] Card D, Krueger A B. Minimum Wages and Employment: A Case Study of the Fast-Food Industry in New Jersey and Pennsylvania [J] . American Economic Review, 1994, 84(4): 772-793.

[24] Cassette A, Fleury N, Petit S. Income Inequalities and International Trade in Goods and Services: Short and Long Run Evidence [J]. The International Trade Journal, 2012, 21 (3): 223-254.

[25] Castilho M, Menendez M, Sztulman A. Poverty and Inequality Dynamics in Manaus: Legacy of a Free Trade Zone? [R] . Working Papers, 2015.

[26] Castilho M, Menéndez M, Sztulman A. Poverty Changes in Manaus: Legacy of a Brazilian Free Trade Zone? [J] . Social Science Electronic Publishing, 2019, 23 (1): 102 -130.

[27] Chen J, Chen D, Yao A. Trade Development between China and Countries along the Belt and Road: A Spatial Econometric Analysis Based on Trade Competitiveness and Complementarity [J] . Pacific Economic Review, 2020, 25 (2): 205-227.

[28] Chen V Z, Li J, Daniel M S. International Reverse Spillover

Effects on Parent Firms: Evidences from Emerging-Market MNEs in Developed Markets [J]. European Management Journal, 2011, 30 (3): 204-218.

[29] Cling J P, Razafindrakoto M, Roubaud F. Export Processing Zones in Madagascar: A Success Story under Threat? [J]. World Development, 2005, 33 (5): 785-803.

[30] Dincer N N, Tekin K A. The Effect of Border Barriers to Services Trade on Goods Trade [J]. Social Science Electronic Publishing, 2020, 43 (8): 2093-2118.

[31] Dolly S. Do the FDI Inflows Affect Domestic Investment? [J]. The Journal of Developing Areas, 2015, 49 (6): 173-190.

[32] Ethier W J. Regionalism in a Multilateral World [J]. Journal of Political Economy, 1998, 106 (6): 1214-1245.

[33] Fan H, Li Y A, Yeaple S R. On the Relationship Between Quality and Productivity: Evidence from China's Accession to the WTO [J]. Journal of International Economics, 2018, 110 (C): 28-49.

[34] Feng L, Li Z, Swenson D L. Trade Policy Uncertainty and Exports: Evidence from China's WTO Accession [J]. Journal of International Economics, 2017, 106 (5): 20-36.

[35] Fernandez R, Portes J. Returns to Regionalism: An Analysis of Non-traditional Gains from Regional Trade Agreements [J]. The World Bank Economic Review, 1998, 8 (2): 197-220.

[36] Georgios I Z. The Value of IPRs and Competitiveness Regarding FDI: Linear and Non-Linear Analysis [J]. Journal of Computational Optimization in Economics and Finance, 2013, 5 (2): 69-95.

[37] Giovannetti G, Lanati M. Do High-Skill Immigrants Trigger High-Quality Trade? [J]. World Economy, 2017, 40 (7): 1345-1380.

[38] Gnangnon S K. Multilateral Trade Liberalisation Helps Promote

Export Product Diversification: Trade Tensions Damage the Prospects of the Poorest Economies [J]. Economic Affairs, 2019, 39 (3): 363-380.

[39] Goldfarb A, Tucker C.Digital Economics [J].Journal of Economic Literature, 2019, 57 (1): 3-43.

[40] Gong Q, Lin Y f, Zhang Y L. Financial Structure, Industrial Structure, and Economic Development: A New Structural Economics Perspective [J]. The Manchester School, 2019, 87 (2): 183-204.

[41] Guo H, Liu J, Qiu Y, et al. The Digital Belt and Road Program in Support of Regional Sustainability [J].International Journal of Digital Earth, 2018, 11 (7): 657-669.

[42] Hertel T W. Global Trade Analysis: Modeling and Applications [M]. New York: Cambridge University Press, 1997.

[43] Hiroyuki T. Trade Creation and Diversion Effects of ASEAN-Plus-One Free Trade Agreements [J]. Economics Bulletin, 2015, 35 (3): 1856-1866.

[44] Ho C Y, Narins T P, Sung W. Developing Information and Communication Technology with the Belt and Road Initiative and the Digital Silk Road [J]. Telecommunications Policy, 2023, 47 (10): 102672.

[45] Hoekman B, Shepherd B. Who Profits from Trade Facilitation Initiatives? Implications for African Countries [J]. Journal of African Trade, 2015, 2 (1-2): 51-70.

[46] Hsiao C, Ching S H, Wan S K. A Panel Data Approach for Program Evaluation: Measuring the Benefits of Political and Economic Integration of Hong Kong with Mainland China [J]. Journal of Applied Econometrics, 2012, 27(5): 705-740.

[47] Huang X, Liu K, Chen H. The Puzzle of Quality Upgrading of Chinese Exports from the Trade Liberalization Perspective [J]. Pacific Economic Review, 2020, 25 (2): 161-184.

[48] Hur J, Qiu L D. Tariffs and Formation of Free Trade Agreements Networks [J]. Social Science Electronic Publishing, 2019, 43 (1): 33-59.

[49] Hyun H J, Hur J. Trade Openness and Vertical Structure: Evidence from Korean Firm-Level Data [J]. Open Economies Review, 2014, 25 (4): 701-720.

[50] Jenkins G P, Kuo C Y. Taxing Mobile Capital in Free Trade Zones to the Detriment of Workers [J]. Asia-Pacific Journal of Accounting & Economics, 2019, 26 (3): 207-222.

[51] Johnson H G. An Economic Theory of Protectionism, Tariff Bargaining, and the Formation of Customs Unions [J]. Journal of Political Economy, 1965, 73 (3): 256-283.

[52] Johnson H G. The Economic Theory of Customs Union [J]. Pakistan Economic Journal, 1960, 10(1): 14-32.

[53] Jongwanich J, Kohpaiboon A. Exporter Responses to FTA Tariff Preferences: Evidence from Thailand [J]. Asian-Pacific Economic Literature, 2017, 31 (1): 21-38.

[54] Kettunen E, Alvstam C G. The EU-Japan Economic Partnership Agreement as a Norm Model for Sustainable Development Issues in the Future EU FTAs in Asia [M]. New York: John Wiley & Sons, Ltd, 2020.

[55] Kneller E. EU-Australia FTA: Challenges and Potential Points of Convergence for Negotiations in Geographical Indications [J]. The Journal of World Intellectual Property, 2020, 23 (3-4): 546-578.

[56] Kowalczyk C, Wonnacott R J. Hubs and Spokes, and Free Trade in the Americas [R]. NBER Working Paper No. 4198, 1992.

[57] Lee D, Lim H. Industrial Structure and the Probability of Crisis: Stability is not Resilience [J]. International Journal of Finance & Economics, 2019, 24 (1): 212-226.

[58] Li H, Chen J, Wan Z, et al. Spatial Evaluation of Knowledge Spillover Benefits in China's Free Trade Zone Provinces and Cities [J]. Growth and Change, 2020, 51 (3): 1158-1181.

[59] Li J, Strange R, Ning L, et al. Outward Foreign Direct Investment and Domestic Innovation Performance: Evidence from China [J]. International Business Review, 2016, 25 (5): 1010-1019.

[60] Liao H, Yang L, Ma H, et al. Technology Import, Secondary Innovation, and Industrial Structure Optimization: A Potential Innovation Strategy for China [J]. Pacific Economic Review, 2020, 25 (2): 145-160.

[61] Lipsey R G, Lancaster K. The General Theory of Second Best [J]. The Review of Economic Studies, 1956-1957, 24 (1): 11-32.

[62] López G J, Ferencz J. Digital Trade and Market Openness [R]. OECD Trade Policy Papers, 2018.

[63] Lu J, Pan X, Xie Z. Unity Versus Collaboration: Construction of China's Belt and Road Free Trade Agreement 2.0 Network [J]. Pacific Economic Review, 2020, 25 (2): 250-271.

[64] Lu Y, Yu L H. Trade Liberalization and Markup Dispersion: Evidence from China's WTO Accession [J]. American Economic Journal: Applied Economics, 2015, 7 (4): 221-253.

[65] Mathews J A. Dragon Multinational: New Player in 21st Century Globalization [J]. Asia Pacific Journal of Management, 2006, 23 (1): 5-27.

[66] Meade J. The Theory of Customs Union [M]. Amsterdam: North-Holland, 1955.

[67] Mohsin M, Naseem S, Zia-ur-Rehman M, et al. The Crypto-trade Volume, GDP, Energy Use, and Environmental Degradation Sustainability: An Analysis of the Top 20 Crypto-trader Countries [J]. International Journal of Finance & Economics, 2020, 110 (12): 1-17.

[68] Moraga-González J L, Viaene J M. Antidumping, Intra-industry

Trade, and Quality Reversals [J]. International Economic Review, 2015, 56 (3): 777-803.

[69] Muradov K. Towards Input-output Based Measurements of Trade Creation and Trade Diversion [J]. The World Economy, 2020, 11 (20): 1-28.

[70] Oyamada K. Is FTA/EPA Effective for a Developing Country to Attract FDI? The Knowledge-capital Model Revisited [J]. The World Economy, 2019, 42 (3): 759-784.

[71] Palmer N D. The New Regionalism in Asia and the Pacific [M]. Lexington: Lexington Books, 1991.

[72] Panagariya A. The Free Trade Area of the American: Good for Latin America? [J]. The World Economy, 1996, 19 (5): 485-515.

[73] Park S H. Taking Cultural Goods Seriously: Geographical Indications and the Renegotiation Strategies for the Korea-EU FTA [J]. Global Policy, 2020, S2 (11): 23-30.

[74] Permani R. FTA, Exchange Rate Pass-through and Export Price Behavior-lessons from the Australian Dairy Sector [J]. Australian Journal of Agricultural and Resource Economics, 2020, 65 (1): 192-221.

[75] Quaicoe A, Aboagye A Q Q, Bokpin G A. Assessing the Impact of Export Processing Zones on Economic Growth in Ghana [J]. Research in International Business and Finance, 2017, 42 (12): 1150-1163.

[76] Reimers I, Waldfogel J. Digitization and Pre-Purchase Information: The Causal and Welfare Impacts of Reviews and Crowd Ratings [J]. American Economic Review, 2021, 111 (6): 1944-1971.

[77] Seyoum B, Ramirez J. Foreign Trade Zones in the United States: A Study with Special Emphasis on the Proposal for Trade Agreement Parity [J]. Journal of Economic Studies, 2012, 39 (1): 13-30.

[78] Shekhar M R. China's Techno-Politics: The Impact on Belt and

Road Partners [J]. India Quarterly, 2023, 79 (3): 336-355.

[79] Shimomura K I, Thisse J F. Competition among the Big and the Small [J]. The Rand Journal of Economics, 2012, 43 (2): 329-347.

[80] Smis S, Kingah S. EU South African Trade, Development and Cooperation Agreement: Bane or Boon for Socio-economic Rights under the South African Constitution? [J]. European Law Journal, 2014, 20 (6): 793–810.

[81] Su C, Terry F. The Rise of Baidu, Alibaba and Tencent (BAT) and Their Role in China's Belt and Road Initiative (BRI)[J]. Global Media and Communication, 2021, 17 (1): 67-86.

[82] Syarip R. Assertiveness with Reservations: The Politics of Neoliberalism in Malaysia's FTA Policy [J]. Asian Politics & Policy, 2019, 11 (2): 227-249.

[83] Tim W. Geocultural Power and the Digital Silk Roads [J]. Environment and Planning D: Society and Space, 2022, 40 (5): 923-940.

[84] Venables A J. Winners and Losers from Regional Integration Agreements [J]. Anthony Venables, 2003, 113 (490): 747-761.

[85] Verevis S, Üngör M. What Has New Zealand Gained from The FTA with China?: Two Counterfactual Analyses [J]. Scottish Journal of Political Economy, 2021, 68 (1): 20-50.

[86] Viner J. The Customs Union Issue [M]. New York: Carnegie Endowment for International Peace, 1950.

[87] Yao D, Whalley J. The China (Shanghai) Pilot Free Trade Zone: Background, Developments and Preliminary Assessment of Initial Impacts [J]. The World Economy, 2016, 39 (1): 2-15.

[88] Yücer A, Siroen J M. Trade Performance of Export Processing Zones [J].The World Economy, 2017, 40 (5): 1012-1038.

[89] 巴殿君, 吕博尧. "一带一路" 沿线国家数字经济合作的基

础、挑战与路径［J］.河南社会科学，2024（1）：43-51.

［90］白桦，谭德庆.内陆国家级中心城市经济发展路径研究——基于内陆自贸区视角［J］.经济问题探索，2018（10）：115-121.

［91］彼得·罗布森.国际一体化经济学［M］.戴炳然，等译，上海：上海译文出版社，2001.

［92］蔡海亚，徐盈之.贸易开放是否影响了中国产业结构升级？［J］.数量经济技术经济研究，2017（10）：3-22.

［93］蔡宏波，姚正远.疫情下如何推动服务贸易高质量发展［J］.国家治理，2021（Z2）：42-47.

［94］曹旭平.上海自由贸易试验区制度创新的外溢效应研究——以常熟市为例［J］.华东经济管理，2015（4）：45-51.

［95］陈芳，张书勤.产业结构优化对外贸高质量发展的影响研究——以长江经济带为例［J］.兰州财经大学学报，2020（3）：52-61.

［96］陈红蕾，胡鑫.中国自由贸易区效应的一项检验：基于对外贸易方式转型的视角［J］.产经评论，2019（3）：67-80.

［97］陈继勇，蒋艳萍，王保双."一带一路"战略与中国参与国际产能合作［J］.学习与实践，2017（1）：5-12.

［98］陈建奇.贸易高质量发展的推进路径与政策选择［N］.学习时报，2019-09-25（002）.

［99］陈健."数字丝绸之路"：应对西方数字帝国主义的中国方案［J］.东南学术，2021（4）：56-65.

［100］陈健."一带一路"沿线数字经济共同体构建研究［J］.宁夏社会科学，2020（3）：121-129.

［101］陈林，罗莉娅.中国外资准入壁垒的政策效应研究——兼议上海自由贸易区改革的政策红利［J］.经济研究，2014（4）：104-115.

［102］陈林，伍海军.国内双重差分法的研究现状与潜在问题［J］.数量经济技术经济研究，2015（7）：133-148.

［103］陈林，肖倩冰，邹经韬.中国自由贸易试验区建设的政策红

利［J］.经济学家，2019（12）：46-57.

［104］陈琳，朱明瑞.对外直接投资对中国产业结构升级的实证研究：基于产业间和产业内升级的检验［J］.当代经济科学，2015（6）：116-121+126.

［105］陈明，魏作磊.中国服务业开放对产业结构升级的影响［J］.经济学家，2016（4）：24-32.

［106］陈琪，刘卫.建立中国（上海）自由贸易试验区动因及其经济效应分析［J］.科学发展，2014（2）：43-50.

［107］陈淑梅."一带一路"引领国际自由贸易区发展之战略思考［J］.国际贸易，2015（12）：48-51.

［108］陈一鼎，张怀洋，乔桂明.上海自贸区内金融机构发展态势剖析与问题透视［J］.上海经济研究，2015（9）：95-102.

［109］陈勇.新区域主义评析［J］.财经论丛（浙江财经学院学报），2005（6）：57-63.

［110］陈媛媛，李坤望，王海宁.自由贸易区下进、出口贸易效应的影响因素——基于引力模型的跨国数据分析［J］.世界经济研究，2010（6）：39-45+88.

［111］程莉，王琴.经济结构变迁对经济高质量发展的影响：重庆市例证［J］.统计与决策，2020（1）：96-100.

［112］戴翔，宋婕.我国外贸转向高质量发展的内涵、路径及方略［J］.宏观质量研究，2018（3）：22-31.

［113］邓慧慧，赵家羚，赵晓坤.自由贸易试验区助推产业升级的效果评估——基于产业技术复杂度视角［J］.国际商务（对外经济贸易大学学报），2020（5）：35-48.

［114］丁琳，余姬.进口对经济增长贡献的分析测算［J］.吉首大学学报（社会科学版），2015（3）：39-45.

［115］段丁允，冯宗宪."一带一路"沿线国家数字化发展水平对低碳绿色绩效的影响研究［J］.经济问题探索，2023（5）：158-176.

[116] 方芳."数字丝绸之路"建设：国际环境与路径选择[J].国际论坛,2019(2):56-75+156-157.

[117] 方云龙.自由贸易试验区建设促进了区域产业结构升级吗？——来自沪津闽粤四大自贸区的经验证据[J].经济体制改革,2020(5):178-185.

[118] 冯帆,许亚云,韩剑.自由贸易试验区对长三角经济增长外溢影响的实证研究[J].世界经济与政治论坛,2019(5):118-138.

[119] 冯锐,陈蕾,刘传明.自贸区建设对产业结构高度化的影响效应研究[J].经济问题探索,2020(9):26-42.

[120] 冯晓玲,姜珊珊.中美贸易摩擦背景下中日韩自贸区的潜力与经济效应分析[J].东北亚经济研究,2020(3):57-72.

[121] 干春晖,郑若谷,余典范.中国产业结构变迁对经济增长和波动的影响[J].经济研究,2011(5):4-16.

[122] 高鸿业.西方经济学（微观部分）[M].3版.北京:中国人民大学出版社,2004.

[123] 高培勇.深化对经济高质量发展的规律性认识[N].人民日报,2019-08-20(08).

[124] 高增安,廖民超,金虹敏.内陆自贸区建设发展影响因素研究[J].西南交通大学学报（社会科学版),2018(2):100-106.

[125] 谷现海.山东省对外贸易高质量发展对策研究[J].经济动态与评论,2018(2):75-88+179-180.

[126] 顾阳.促进外贸高质量发展"双轮驱动"[N].经济日报,2019-11-26(009).

[127] 郭晗,连智聪.城市数字经济驱动企业高质量发展：理论逻辑与经验检验[J].广西师范大学学报（哲学社会科学版),2024(3):1-18.

[128] 郭华东,肖函."一带一路"的空间观测与"数字丝路"构建[J].中国科学院院刊,2016(5):535-541+483.

[129] 郭吉涛,张边秀."一带一路"倡议如何作用于中国OFDI企

业技术效率：机制讨论与经验证据［J］.产业经济研究，2021（1）：86-99.

［130］郭晓合，戴萍萍.基于引力模型的中国金融服务贸易便利化研究——以中国自贸试验区为视角［J］.国际商务（对外经济贸易大学学报），2017（6）：55-64.

［131］郭晓合，叶修群.从中国入世到上海自贸区扩区的产业连锁效应［J］.经济与管理研究，2016（8）：43-51.

［132］海闻，P.林德特，王新奎.国际贸易［M］.上海：格致出版社和上海人民出版社，2003.

［133］韩剑，闫芸，王灿.中国与"一带一路"国家自由贸易区网络体系构建和规则机制研究［J］.国际贸易，2017（7）：16-23.

［134］韩民春，郎学超.上海自贸区税收政策的投资效应分析及其启示［J］.武汉理工大学学报（社会科学版），2018（4）：45-51.

［135］何国忠，张祥建.自贸区对"一带一路"的支撑作用：蜘蛛网和珍珠链效应［J］.科学发展，2016（9）：61-68.

［136］何骏，张祥建.自贸试验区发展的困境究竟在哪里？——自贸试验区调研总结［J］.当代经济管理，2016（11）：30-34.

［137］何骏.上海自贸试验区税制改革及其效应研究［J］.当代经济管理，2018（6）：78-85.

［138］何莉.基于AHP的中国对外贸易质量综合评价［J］.国际经贸探索，2011（9）：17-22+51.

［139］贺鉴，杨常雨.中国—非洲自贸区构建中的法律问题［J］.国际问题研究，2021（2）：88-101.

［140］赫国胜，耿哲臣，蒲红霞.数字普惠金融与可持续减贫——来自"一带一路"沿线国家的证据［J］.东北大学学报（社会科学版），2022（3）：22-31.

［141］洪银兴.论中高速增长新常态及其支撑常态［J］.经济学动态，2014（11）：4-7.

［142］洪银兴.改革开放以来发展理念和相应的经济发展理论的演

进——兼论高质量发展的理论渊源［J］.经济学动态，2019（8）：10-20.

［143］胡鞍钢，谢宜泽，任皓.高质量发展：历史、逻辑与战略布局［J］.行政管理改革，2019（1）：19-27.

［144］胡超.中国—东盟自贸区进口通关时间的贸易效应及比较研究——基于不同时间密集型农产品的实证［J］.国际贸易问题，2014（8）：58-67.

［145］黄丽霞.自由贸易区对区域经济增长的影响——基于广东自贸区成立前后数据对比的VAR模型分析［J］.商业经济研究，2017（20）：154-156.

［146］黄启才，郭志，徐明文.中国自由贸易区：政策、贸易效应与影响因素［J］.东南学术，2019（1）：140-150.

［147］黄启才.自贸试验区设立促进外商直接投资增加了吗——基于合成控制法的研究［J］.宏观经济研究，2018（4）：85-96.

［148］黄启才.自由贸易试验区设立对地区经济发展的促进效应——基于合成控制法研究［J］.福建论坛（人文社会科学版），2018（9）：53-62.

［149］黄启才.自由贸易试验区政策溢出效应的个案研究［J］.经济纵横，2017（5）：92-98.

［150］黄庆波，王孟孟，薛金燕，等.碳关税对中国制造业出口结构和社会福利影响的实证研究［J］.中国人口·资源与环境，2014（3）：5-12.

［151］黄永明，潘安琪.中国与"一带一路"沿线国家产业关联的特征及其演化［J］.南京财经大学学报，2020（1）：18-32.

［152］贾妮莎，韩永辉，邹建华.中国双向FDI的产业结构升级效应：理论机制与实证检验［J］.国际贸易问题，2014（11）：109-120.

［153］简泽，张涛，伏玉林.进口自由化、竞争与本土企业的全要素生产率——基于中国加入的一个自然实验［J］.经济研究，2014（8）：120-132.

［154］江若尘，余典范，翟青，等.中国（上海）自由贸易试验区对

上海总部经济发展的影响研究［J］.外国经济与管理，2014（4）：65-71.

［155］江小涓，孟丽君.内循环为主、外循环赋能与更高水平双循环——国际经验与中国实践［J］.管理世界，2021（1）：1-19.

［156］蒋团标，钟敏，马国群.数字经济对农业绿色全要素生产率的影响——基于土地经营效率的中介作用分析［J］.中国农业大学学报，2024（4）：27-39.

［157］金碚.论经济全球化3.0时代——兼论"一带一路"的互通观念［J］.中国工业经济，2016（1）：5-20.

［158］金晓彤，金建恺.非洲大陆自贸区成立背景下推进中非自贸区建设的建议［J］.经济纵横，2021（11）：61-67.

［159］黎绍凯，李露一.自贸区对产业结构升级的政策效应研究——基于上海自由贸易试验区的准自然实验［J］.经济经纬，2019（5）：79-86.

［160］李博英.高质量发展视角下中韩服务贸易发展研究［J］.国际贸易，2019（8）：12-20.

［161］李芳芳，冯帆."一带一路"倡议、数字化转型与中国企业创新［J］.经济与管理研究，2023（9）：85-105.

［162］李鸿阶，张旭华.对外贸易发展质量省际比较与提升路径选择——基于福建与广东、江苏、浙江比较［J］.福建论坛（人文社会科学版），2019（1）：187-194.

［163］李鸿阶."印太经济框架"的意涵、影响及其前景剖析［J］.亚太经济，2023（1）：1-9.

［164］李坤望，张兵.国际经济学［M］.4版.北京：高等教育出版社，2019.

［165］李磊，李梓阁.基于LDA主题模型的自贸区治理政策文本聚类分析——以辽宁自贸区为例［J］.吉首大学学报（社会科学版），2021（2）：23-34.

［166］李力行，申广军.经济开发区、地区比较优势与产业结构调

整［J］．经济学（季刊），2015（3）：885-910．

［167］李鲁，张学良．上海自贸试验区制度推广的"梯度对接"战略探讨［J］．外国经济与管理，2015（2）：69-80．

［168］李猛，翟莹．构建"一带一路"数字经济合作发展保障机制研究［J］．北京航空航天大学学报（社会科学版），2023（4）：97-104．

［169］李猛．中国自贸区服务与"一带一路"的内在关系及战略对接［J］．经济学家，2017（5）：50-57．

［170］李世杰，赵婷茹．自贸试验区促进产业结构升级了吗？——基于中国（上海）自贸试验区的实证分析［J］．中央财经大学学报，2019（8）：118-128．

［171］李学武，顾成军．丝绸之路经济带沿线国家的贸易效率和潜力研究——基于中国及35个沿线国家的实证［J］．金融与经济，2018（2）：40-47．

［172］李亚波，崔洁．数字经济的出口质量效应研究［J］．世界经济研究，2022（3）：17-32+134．

［173］李志远，林怡纯．RCEP关税调整及其对区内贸易的影响［J］．长安大学学报（社会科学版），2021（1）：47-55．

［174］李众敏．中国区域贸易自由化战略研究［J］．世界经济，2007（8）：46-51．

［175］李子联．汇率变动、贸易收支与就业率——来自中美相关数据的分析［J］．经济科学，2011（4）：53-65．

［176］梁明．中国在非洲实施自由贸易区战略的路径选择——以西非国家经济共同体为例［J］．国际经济合作，2015（12）：26-31．

［177］梁双陆，侯泽华，崔庆波．自贸区建立对于经济收敛的影响——基于产业结构升级的中介效应分析［J］．经济问题，2020（9）：109-117．

［178］林毅夫．自生能力、经济发展与转型：理论与实证［M］．北京：北京大学出版社，2004．

［179］刘秉镰，吕程．自贸区对地区经济影响的差异性分析——基

于合成控制法的比较研究[J].国际贸易问题,2018(3):51-66.

[180]刘秉镰,王钺.自贸区对区域创新能力的影响效应研究——来自上海自由贸易试验区准实验的证据[J].经济与管理研究,2018(9):65-74.

[181]刘秉镰,秦文晋."丝绸之路经济带"倡议的经济效应与开放效应研究[J].兰州大学学报(社会科学版),2020(5):9-19.

[182]刘超,郑宁雨,韩敏.数字经济效率测度及分位异质性分析——基于"一带一路"沿线国家研究[J].亚太经济,2021(6):20-30.

[183]刘晨阳,段文奇.贸易便利化与出口多样性——基于APEC的经验证据[J].国际经贸探索,2019(1):4-20.

[184]刘杜若.把握自贸区政策推动进出口贸易高质量发展[N].贵州日报,2019-10-30(10).

[185]刘海洋,林令涛,高璐.进口中间品与出口产品质量升级:来自微观企业的证据[J].国际贸易问题,2017(2):39-49.

[186]刘红梅.加快推进服务贸易高质量发展[N].中国社会科学报,2020-12-03(001).

[187]刘洪愧,谢谦.上海自由贸易试验区金融开放创新实践及制约因素辨析[J].经济纵横,2017(12):56-66.

[188]刘明洋,万勇,唐晓超,等."一带一路"背景下数字化转型对制造业高质量发展影响研究——基于产业结构升级与数字贸易的视角[J].新疆社会科学,2024(1):1-20.

[189]刘啟仁,吴鄂燚,黄建忠.经济政策不确定性如何影响出口技术分布[J].国际贸易问题,2020(7):46-62.

[190]刘晴,徐蕾.对加工贸易福利效应和转型升级的反思——基于异质性企业贸易理论的视角[J].经济研究,2013(9):137-148.

[191]刘瑞明,赵仁杰.国家高新区推动了地区经济发展吗?——基于双重差分方法的验证[J].管理世界,2015(8):30-38.

[192]刘晓宁,刘磊.贸易自由化对出口产品质量的影响效应——

基于中国微观制造业企业的实证研究[J].国际贸易问题,2015(8):14-23.

[193] 罗来军,罗雨泽,刘畅.自由贸易区促进贸易了吗?——来自国家层面的经验考察[J].世界经济研究,2014(12):59-64.

[194] 吕越,陆毅,吴嵩博,等."一带一路"倡议的对外投资促进效应——基于2005—2016年中国企业绿地投资的双重差分检验[J].经济研究,2019(9):187-202.

[195] 马汉智.非洲大陆自贸区建设与中非合作[J].国际问题研究,2021(5):118-137.

[196] 马林静,梁明,夏融冰.推动新时代中国贸易高质量发展的思考[J].国际贸易,2020(7):41-46+71.

[197] 马林静.基于高质量发展标准的外贸增长质量评价体系的构建与测度[J].经济问题探索,2020(8):33-43.

[198] 马述忠,吴国杰.中间品进口、贸易类型与企业出口产品质量——基于中国企业微观数据的研究[J].数量经济技术经济研究,2016(11):77-93.

[199] 毛其淋.贸易政策不确定性是否影响了中国企业进口?[J].经济研究,2020(2):148-164.

[200] 毛艳华.自贸试验区是新一轮改革开放的试验田[J].经济学家,2018(12):47-56.

[201] 那朝英.国际社会关于"数字丝绸之路"的认知与评价[J].国外理论动态,2023(5):37-47.

[202] 聂飞.中国—东盟自贸区战略的贸易创造效应研究——基于合成控制法的实证分析[J].财贸研究,2017(7):36-47.

[203] 聂飞.自贸区建设促进了制造业结构升级吗?[J].中南财经政法大学学报,2019(5):145-156.

[204] 欧阳日辉.数字经济中经济增长的新动力与新范式[J].广东社会科学,2024(1):15-26+284.

[205] 逄锦聚, 林岗, 杨瑞龙, 等. 促进经济高质量发展笔谈 [J]. 经济学动态, 2019 (7): 3-19.

[206] 裴长洪, 刘洪愧. 中国外贸高质量发展: 基于习近平百年大变局重要论断的思考 [J]. 经济研究, 2020 (5): 4-20.

[207] 裴长洪. 经济新常态下中国扩大开放的绩效评价 [J]. 经济研究, 2015 (4): 4-20.

[208] 彭继增, 王怡. "一带一路"沿线国家设施联通对贸易利益的影响 [J]. 吉首大学学报 (社会科学版), 2020 (3): 87-95.

[209] 齐俊妍, 任奕达. 东道国数字经济发展水平与中国对外直接投资——基于"一带一路"沿线43国的考察 [J]. 国际经贸探索, 2020 (9): 55-71.

[210] 秦敏花. 河南自贸区开封片区发展策略及对地区经济的影响分析 [J]. 行政科学论坛, 2017 (8): 14-17.

[211] 丘东晓. 自由贸易协定理论与实证研究综述 [J]. 经济研究, 2011 (9): 147-157.

[212] 邱强, 于利蓉. 东道国数字经济与中国OFDI对"一带一路"沿线国家产业结构优化的影响研究 [J]. 东华理工大学学报 (社会科学版), 2022 (6): 520-531.

[213] 曲维玺, 崔艳新, 马林静, 等. 我国外贸高质量发展的评价与对策 [J]. 国际贸易, 2019 (12): 4-11.

[214] 任保平. 新发展格局下"数字丝绸之路"推动高水平对外开放的框架与路径 [J]. 陕西师范大学学报 (哲学社会科学版), 2022(6): 57-66.

[215] 任春杨, 张佳睿, 毛艳华. 推动自贸试验区升级为自由贸易港的对策研究 [J]. 经济纵横, 2019 (3): 114-121.

[216] 申桂萍, 王菲. "十三五"时期中国服务贸易的转型发展对策研究 [J]. 国际贸易, 2016 (5): 60-64.

[217] 沈玉良, 彭羽. 自贸试验区建设与长江经济带开放型经济战

略研究［J］.国际贸易，2017（6）：14-18.

［218］施炳展，张雅睿.贸易自由化与中国企业进口中间品质量升级［J］.数量经济技术经济研究，2016（9）：3-21.

［219］施锦芳.推进辽宁自贸试验区发展的战略思考［J］.国际贸易，2017（6）：34-37.

［220］石小霞，刘东.中间品贸易自由化、技能结构与出口产品质量升级［J］.世界经济研究，2019（6）：82-94.

［221］苏理梅，彭冬冬，兰宜生.贸易自由化是如何影响我国出口产品质量的？——基于贸易政策不确定性下降的视角［J］.财经研究，2016（4）：61-70.

［222］孙丽.中日贸易结构的变化对中国产业结构转型升级的影响［J］.东北亚论坛，2019（6）：95-111+125.

［223］孙林，周科选.区域贸易政策不确定性对中国出口企业产品质量的影响——以中国—东盟自由贸易区为例［J］.国际贸易问题，2020（1）：127-143.

［224］谭静，张建华.碳交易机制倒逼产业结构升级了吗？——基于合成控制法的分析［J］.经济与管理研究，2018（12）：104-119.

［225］谭娜，周先波，林建浩.上海自贸区的经济增长效应研究——基于面板数据下的反事实分析方法［J］.国际贸易问题，2015（10）：14-24+86.

［226］唐宇菲，严勇.经济新常态下上海自贸区对浙江经济的虹吸和溢出效应分析［J］.管理观察，2015（35）：171-174.

［227］唐志良，刘建江.上海自贸区与湖南开放型经济发展研究［J］.长沙理工大学学报（社会科学版），2014（6）：102-109.

［228］滕永乐，沈坤荣.中国（上海）自由贸易试验区对江苏经济的影响分析［J］.江苏社会科学，2014（1）：261-268.

［229］田毕飞，李伟.内陆自贸区的建立与评价研究——以武汉为例［J］.国际商务研究，2015（4）：47-55.

[230] 佟家栋.中国自由贸易试验区改革深化与自由贸易港建设的探讨[J].国际贸易,2018(4):16-19.

[231] 汪建新.贸易自由化、质量差距与地区出口产品质量升级[J].国际贸易问题,2014(10):3-13+143.

[232] 汪伟,刘玉飞,彭冬冬.人口老龄化的产业结构升级效应研究[J].中国工业经济,2015(11):47-61.

[233] 王桂军,卢潇潇."一带一路"倡议与中国企业升级[J].中国工业经济,2019(3):43-61.

[234] 王海梅.上海自贸区对周边城市的影响及对策[J].常州大学学报(社会科学版),2014(2):55-59.

[235] 王华萍.自由贸易区发展指标体系构建及应用研究[J].海南金融,2015(12):34-38.

[236] 王金波.国际贸易投资规则发展趋势与中国的应对[J].国际问题研究,2014(2):118-128.

[237] 王利辉,刘志红.上海自贸区对地区经济的影响效应研究——基于"反事实"思维视角[J].国际贸易问题,2017(2):3-15.

[238] 王明涛,谢建国.自由贸易协定与中国出口产品质量——以中国制造业出口产品为例[J].国际贸易问题,2019(4):50-63.

[239] 王鹏,郑靖宇.自由贸易试验区的设立如何影响贸易方式转型——基于广东自由贸易试验区的实证研究[J].国际贸易问题,2017(6):71-82.

[240] 王文,刘玉书,梁雨谷.数字"一带一路":进展、挑战与实践方案[J].社会科学战线,2019(6):72-81.

[241] 王象路,罗瑾琏,耿新.企业数字化能否促进创新"提质增量"?——基于动态能力视角[J].科学学与科学技术管理,2024(2):1-18.

[242] 王晓玲.辽宁自贸试验区营商环境评价与优化[J].东北财经大学学报,2018(4):90-97.

[243] 王晓玲.自由贸易试验区视角下城市、区域发展动力机制研究[J].东北财经大学学报,2017(6):66-71.

[244] 王昕.自贸试验区背景下外商直接投资产业结构优化效应研究——以珠三角为例[J].湖北社会科学,2018(12):75-82.

[245] 王业斌,高慧彧,郭磊."数字丝绸之路"的发展历程、成就与经验[J].国际贸易,2023(10):56-65.

[246] 王原雪,张晓磊,张二震."一带一路"倡议的泛区域脱贫效应——基于GTAP的模拟分析[J].财经研究,2020(3):80-93.

[247] 魏丹,许培源.狭义自由贸易区、国际直接投资与产业区位转移——基于FC模型的中国自由贸易试验区构建策略研究[J].当代财经,2015(4):85-96.

[248] 魏瑾瑞,张雯馨.自由贸易试验区的差异化路径选择——以辽宁自由贸易试验区为例[J].地理科学,2019(9):1425-1433.

[249] 魏景赋,阴艺轩.RCEP对区域经济一体化水平的影响研究——基于贸易壁垒削减的GTAP模拟预测[J].西安交通大学学报(社会科学版),2023(2):29-40.

[250] 魏敏,李书昊.新时代中国经济高质量发展水平的测度研究[J].数量经济技术经济研究,2018(11):3-20.

[251] 魏蓉蓉,李天德.自贸区设立与经济高质量发展——基于FTA建设的准自然实验证据[J].商业经济与管理,2020(5):77-87.

[252] 魏蓉蓉.金融资源配置对经济高质量发展的作用机理及空间溢出效应研究[J].西南民族大学学报(人文社科版),2019(7):116-123.

[253] 魏悦羚,张洪胜.进口自由化会提升中国出口国内增加值率吗——基于总出口核算框架的重新估计[J].中国工业经济,2019(3):24-42.

[254] 吴汉洪,封新建.次优理论在国际贸易政策中的应用[J].中国人民大学学报,2001(5):46-51.

[255] 吴伟华. 我国外贸高质量发展具有坚实基础 [J]. 理论导报, 2019（8）: 53.

[256] 武剑, 谢伟. 中国自由贸易试验区政策的经济效应评估——基于HCW法对上海、广东、福建和天津自由贸易试验区的比较分析 [J]. 经济学家, 2019（8）: 75-89.

[257] 肖德, 杨弘, 唐威. 贸易自由化对中国地区经济发展差异影响的理论分析与实证检验 [J]. 管理世界, 2013（5）: 169-170.

[258] 谢家泉, 李丽雯, 徐莎莎, 等. 广东自贸区的国际金融风险效应研究——基于反事实分析方法 [J]. 广东经济, 2019（2）: 79-88.

[259] 谢杰, 陈锋, 陈科杰, 等. 贸易政策不确定性与出口企业加成率: 理论机制与中国经验 [J]. 中国工业经济, 2021（1）: 56-75.

[260] 谢申祥, 张辉, 王孝松. 外国企业的技术授权策略与社会福利 [J]. 世界经济, 2013（10）: 103-122.

[261] 徐承红, 张泽义, 赵尉然. 我国进口贸易的产业结构升级效应及其机制研究——基于"一带一路"沿线国家的实证检验 [J]. 吉林大学社会科学学报, 2017（4）: 63-75+204.

[262] 徐芬, 刘宏曼. 中国农产品进口的自贸区贸易创造和贸易转移效应研究——基于SYSGMM估计的进口需求模型 [J]. 农业经济问题, 2017（9）: 76-84+111-112.

[263] 许和连, 成丽红, 孙天阳. 制造业投入服务化对企业出口国内增加值的提升效应——基于中国制造业微观企业的经验研究 [J]. 中国工业经济, 2017（10）: 62-80.

[264] 杨春蕾, 张二震. "一带一路"建设经济增长的空间外溢效应研究——以"渝新欧"班列为例 [J]. 世界经济与政治论坛, 2020（6）: 142-157.

[265] 杨逢珉, 程凯. 贸易便利化对出口产品质量的影响研究 [J]. 世界经济研究, 2019（1）: 93-104+137.

[266] 杨继军, 刘依凡, 李宏亮. 贸易便利化、中间品进口与企业

出口增加值［J］.财贸经济,2020（4）:115-128.

［267］杨军,黄洁,洪俊杰,等.贸易便利化对中国经济影响分析［J］.国际贸易问题,2015（9）:156-166.

［268］杨立卓.重庆自贸区的建设基础、功能定位和发展策略——与上海自贸区的比较研究［J］.西部论坛,2018（4）:106-115.

［269］杨艳红,胡加琪.上海自贸试验区经济溢出效应的量化分析——基于贸易转移效应视角［J］.湖北经济学院学报,2018（2）:22-31+126-127.

［270］杨勇,刘思婕,陈艳艳."FTA战略"是否提升了中国的出口产品质量?［J］.世界经济研究,2020（10）:63-75+136.

［271］杨娱,田明华,秦国伟.我国木质林产品贸易高质量发展的路径——基于全球价值链理论与FDI对贸易的影响分析［J］.学术论坛,2018（6）:85-92.

［272］姚战琪.服务业对外开放对我国产业结构升级的影响［J］.改革,2019（1）:54-63.

［273］叶初升,舒义文,罗连发.双向FDI影响产业结构变迁的实证研究——高水平开放促进高质量发展的路径探索［J］.东南学术,2020（2）:153-163+248.

［274］叶霖莉.中国（福建）自由贸易试验区经济效应研究——基于反事实分析法的实证测度［J］.集美大学学报（哲学社会科学版）,2019（2）:64-74.

［275］叶修群.自由贸易试验区与经济增长——基于准自然实验的实证研究［J］.经济评论,2018（4）:18-30.

［276］易信,刘凤良.金融发展与产业结构转型——理论及基于跨国面板数据的实证研究［J］.数量经济技术经济研究,2018（6）:21-39.

［277］殷华,高维和.自由贸易试验区产生了"制度红利"效应吗?——来自上海自贸区的证据［J］.财经研究,2017（2）:48-59.

［278］应望江，范波文.自由贸易试验区促进了区域经济增长吗？——基于沪津闽粤四大自贸区的实证研究［J］.华东经济管理，2018（11）：5-13.

［279］于斌斌.金融集聚促进了产业结构升级吗：空间溢出的视角——基于中国城市动态空间面板模型的分析［J］.国际金融研究，2017（2）：12-23.

［280］余淼杰，李乐融.贸易自由化与进口中间品质量升级——来自中国海关产品层面的证据［J］.经济学（季刊），2016（3）：1011-1028.

［281］余淼杰.贸易高质量发展需要高水平开放［N］.四川日报，2019-12-05（6）.

［282］袁波，李光辉.新时期自由贸易试验区建设的重要作用与对策研究［J］.国际贸易，2015（10）：15-18.

［283］袁晓玲，方莹，郗继宏.大欧亚自贸区的经济效应研究：基于中美贸易摩擦的视角［J］.管理学刊，2020（1）：29-37.

［284］原倩.新发展格局下数字丝绸之路高质量发展的总体思路与战略路径［J］.宏观经济管理，2022（7）：21-27.

［285］岳文，陈飞翔.积极加速我国自由贸易区的建设步伐［J］.经济学家，2014（1）：40-47.

［286］张伯超，沈开艳."一带一路"沿线国家数字经济发展就绪度定量评估与特征分析［J］.上海经济研究，2018（1）：94-103.

［287］张峰，刘璐璐.数字经济时代对数字化消费的辩证思考［J］.经济纵横，2020（2）：45-54.

［288］张国军.中国与"一带一路"沿线经济体自贸区建设现状及推进策略［J］.商业经济研究，2017（10）：140-143.

［289］张建华，何宇，陈珍珍.国际贸易冲击与产业结构变迁：基于经济稳定视角［J］.经济评论，2018（4）：31-44+83.

［290］张瑾，张蓝月，王战.中非命运共同体视角下非洲大陆自由贸

易区初期建设研究［J］.重庆大学学报（社会科学版），2023（4）：50-61.

［291］张军，闫东升，冯宗宪，等.自贸区设立能够有效促进经济增长吗？——基于双重差分方法的动态视角研究［J］.经济问题探索，2018（11）：125-133.

［292］张军旗.我国自由贸易试验区中产业补贴政策的调整［J］.上海财经大学学报，2019（1）：125-138.

［293］张林.中国双向FDI、金融发展与产业结构优化［J］.世界经济研究，2016（10）：111-124+137.

［294］张明哲."一带一路"数字经济对中国对外直接投资区位选择的影响研究［J］.当代财经，2022（6）：111-122.

［295］张少军，刘志彪.国际贸易与内资企业的产业升级——来自全球价值链的组织和治理力量［J］.财贸经济，2013（2）：68-79.

［296］张为付，方启妍.中国钢铁产品出口贸易潜力研究——以"一带一路"国家为例［J］.南京财经大学学报，2019（2）：90-98.

［297］张为付，吴怡.中国对"一带一路"沿线国家OFDI的区位选择——基于双边友好外交关系的视角［J］.南京财经大学学报，2021（1）：88-97.

［298］张伟伟，马野驰.丝绸之路经济带与欧亚经济联盟的耦合效应测度——基于贸易联通的视角［J］.江汉论坛，2019（6）：16-22.

［299］张学良.国外新区域主义研究综述［J］.外国经济与管理，2005（5）：16-20.

［300］张耀军，宋佳芸.数字"一带一路"的挑战与应对［J］.深圳大学学报（人文社会科学版），2017（5）：38-43.

［301］张颖，逯宇铎.自贸区建设对区域经济增长及创新能力影响研究——以辽宁自贸区为例［J］.价格理论与实践，2019（3）：130-133.

［302］张颖，夏福渭.中国与非洲发展模式的对接［J］.现代国际关系，2020（12）：51-58.

［303］张幼文.自贸区试验的战略内涵与理论意义［J］.世界经济

研究，2016（7）：3-12.

[304] 张正荣，魏吉，顾国达.疫情背景下数字贸易体制对国际贸易稳定作用的比较——基于30个"一带一路"沿线国家的fsQCA分析[J].经济社会体制比较，2022（5）：156-166.

[305] 章潇萌，杨宇菲.对外开放与我国产业结构转型的新路径[J].管理世界，2016（3）：25-35.

[306] 赵春明，陈开军.对外直接投资如何促进贸易高质量发展[J].开放导报，2020（2）：51-58.

[307] 赵金龙，张蕊，陈健.中国自贸区战略的贸易创造与转移效应研究——以中国—新西兰FTA为例[J].国际经贸探索，2019（4）：27-41.

[308] 赵骏，翟率宇."数字丝绸之路"国际规则体系逻辑架构——以实体化"一带一路"实践为鉴[J].商业经济与管理，2022（7）：56-69.

[309] 赵亮，陈淑梅.自贸区驱动经济增长：思想演进及作用机制探究[J].贵州社会科学，2016（9）：135-141.

[310] 赵亮，陈淑梅.经济增长的"自贸区驱动"——基于中韩自贸区、中日韩自贸区与RCEP的比较研究[J].经济评论，2015（1）：92-102.

[311] 赵亮.我国周边自贸区驱动经济增长效应探究[J].亚太经济，2014（6）：21-26+38.

[312] 赵亮.我国自贸区驱动经济增长的实证模拟——基于对经济增长"创新驱动"的思考[J].上海财经大学学报，2017（4）：28-40.

[313] 赵亮.我国自由贸易区的经济增长效应研究：理论与实证[D].南京：东南大学，2015.

[314] 赵世璐.试析区域贸易协定的现状及发展趋势[J].海关法评论，2013（1）：309-329.

[315] 赵文涛，苏振东.CEPA：贸易创造还是贸易替代——兼论构建全面开放新格局背景下对深化升级广东自贸区建设的实证启示[J].

国际贸易问题，2018（11）：90-103.

［316］赵亚南.基于贸易效应视角的美国 TPP 发展前景研究［D］.沈阳：辽宁大学，2014.

［317］郑尚植，王怡颖.东北老工业基地振兴的绩效评估——基于合成控制法的检验［J］.地域研究与开发，2019（2）：31-35+43.

［318］郑先武."新区域主义"的核心特征［J］.国际观察，2007（5）：58-64.

［319］智艳，罗长远.上海自贸区发展现状、目标模式与政策支撑［J］.复旦学报（社会科学版），2018（2）：148-157.

［320］周茂，陆毅，符大海.贸易自由化与中国产业升级：事实与机制［J］.世界经济，2016（10）：78-102.

［321］周明升，韩冬梅.上海自贸区金融开放创新对上海的经济效应评价——基于"反事实"方法的研究［J］.华东经济管理，2018（8）：13-18.

［322］朱华友，张帝，陈泽侠.中非自贸区建设的机遇、挑战与路径［N］.中国社会科学报，2020-12-02（10）.

［323］朱启荣，言英杰.中国外贸增长质量的评价指标构建与实证研究［J］.财贸经济，2012（12）：87-93.

［324］邹国勇，吴琳玲.TPP、RCEP 背景下的中国—东盟自贸区建设：挑战与应对［J］.吉首大学学报（社会科学版），2016（2）：53-61.